游戏式积分管理

如何用积分轻松高效激活员工?

谭文平　高国栋 ◎ 著

台海出版社

图书在版编目（CIP）数据

游戏式积分管理：如何用积分轻松高效激活员工？ /
谭文平，高国栋著 . -- 北京：台海出版社，2022.5

ISBN 978-7-5168-3269-1

Ⅰ . ①游… Ⅱ . ①谭… ②高… Ⅲ . ①企业管理—人
事管理 Ⅳ . ① F272.92

中国版本图书馆 CIP 数据核字（2022）第 055952 号

游戏式积分管理：如何用积分轻松高效激活员工？

著　　者：谭文平　高国栋

出 版 人：蔡　旭　　　　　　　　封面设计：一本好书
责任编辑：魏　敏

出版发行：台海出版社
地　　址：北京市东城区景山东街 20 号　　邮政编码：100009
电　　话：010-64041652（发行，邮购）
传　　真：010-84045799（总编室）
网　　址：www.taimeng.org.cn/thcbs/default.htm
E-mail：thcbs@126.com

经　　销：全国各地新华书店
印　　刷：三河市嘉科万达彩色印刷有限公司
本书如有破损、缺页、装订错误，请与本社联系调换

开　　本：710 毫米 ×1000 毫米　　　1/16
字　　数：240 千字　　　　　　　　印　　张：20.25
版　　次：2022 年 5 月第 1 版　　　印　　次：2022 年 7 月第 1 次印刷
书　　号：ISBN 978-7-5168-3269-1

定　　价：88.00 元

前言
PREFACE

为什么写这本书？

在多年的管理咨询实践中，笔者经历了从企业到咨询公司，又从咨询公司回炉企业，再从企业回归咨询公司的过程，在身份上经历了从管理者到经营者的转变。一路走来，感慨万千，时刻能感受到企业经营者、高管人员、HR 从业者在激活个体方面遇到的各种困惑和压力。正是在这一因素的驱动下，笔者尝试着去做一些能帮助他们解决管理上的困惑的事情，如写一本关于如何全方位量化评价员工综合贡献方面的书。在写作期间，很多朋友，包括许多企业家、同行、客户、学员等，都给予了我巨大的支持、肯定与帮助，本书最终历经 3 年，几易其稿，终于成书。

在此，假设你是一位企业经营者、高管人员、HR 从业者，我们来探讨两个问题。

问题 1：如何激活个体？

现在都在说企业要发展得好，就要舍得分钱、会分钱、分好钱。但这一命题的前提是，只有真正把员工对企业的综合贡献、关键结果贡献、关键行为贡献评价出来，才能做到有效激励。如果不能把员工的价值贡献识别出来，不能有效解决员工价值贡献评价的问题，所谓的价值分配就成为无源之水、无本之木，企业分得越多，成本就越高，对组织和核心员工的伤害就越大。

问题2：什么样的员工是优秀的员工？

假设我们对优秀员工画一幅肖像，有人会说，具备学历高、职称高、遵章守纪、业绩优秀、认同企业文化、执行力高、学习力强等这些条件和要素的员工就是优秀的员工。我们也认同这一说法，一个具备了上述条件的员工，无疑是优秀的员工。

但问题的关键是我们如何评价？

什么是执行力高、学习力强？如何评价员工认同企业文化？如果不能量化评价这些定向的积分指标，评价员工综合贡献就无从谈起，更无法通过价值评价达到激活个体、提升组织绩效的目标。

本书从体系化、模型化、系统化的角度，阐述了如何全方位、立体化、360度量化评价员工对企业的综合贡献。企业对员工的贡献进行综合利益回馈，最终谁创造价值，谁分配利益，谁创造主要价值，谁分配主要利益，公平地实现不平等的最大化。

人是企业经营的核心资产

企业管理，简单地说就是"人＋事"两条线的管理，随着时代的发展，更多的企业经营者、管理者意识到人力资源管理的重要性。很多企业已经把人力资源作为企业的核心竞争资源来对待，因为管理者非常明白一个道理，人搞不定，事就办不成、办不好。经营企业的核心，实际上是经营人。

我们常常把人力资源管理比喻成火箭的发动机，如果要让火箭飞得更高、更快，必须有一个强有力的火箭发动机。同样的道理，企业如果想持续经营、永续经营，就要想办法打造一套培养人、评价人、激励人的激励与约束并存的管理制度。要不断进化管理思维，不断优化管理模式，要从现有的第一曲线的思维模式、管理模式升华到第二曲线，这样才能构建企业未来的核心竞争力！

华为为什么这么成功？

提起华为的成功，许多人认为华为的高工资、虚拟受限股和TUP（时间单位计划）股权激励是推手。这只说对了一半，华为的成功概括起来说就是：华为的成功＝人×管理系统。

华为的成功首先是解决了人的意愿问题、工作积极性问题。华为员工之所以持续产生高绩效，和华为的高工资、高奖金、高估值股票的收益是息息相关的。很多企业的老板都很羡慕华为，埋怨自己的员工怎么就没有一丁点儿华为员工的影子。其实，我们仔细想想看，华为员工难道天生就有那么高的觉悟？天生就那么有狼性，愿意离家万里去海外拓展业务而无怨无悔？其实，华为员工的奋斗精神都源于华为的分配机制，没有哪一家企业的员工能很舒服地拿着高薪，毕竟有付出才有回报。而华为的分配机制取决于华为严格、科学的价值贡献评价机制。在这种评价机制下，哪些人是一般工作者，哪些人是奋斗者，哪些人是长期奋斗者，就被鉴别得清清楚楚、明明白白。因此，只有评价得好，才能分配得好；而只要分配得好，才能激励得好，才能真正激活个体活力！

杨三角模型为什么值得企业家深度思考？

著名的杨国安教授，结合多年的学术理论和企业实践，提出了著名的杨三角模型。该模型提出：企业持续成功 = 战略 × 组织能力，两者之间是相乘关系，而不是相加，其中一项不行，企业就无法成功。

企业成功 = 战略 × 组织能力

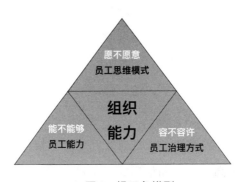

▲ 图 1　杨三角模型

在现实当中，一个企业的战略很容易被竞争对手模仿，但组织能力难以被模仿。从企业实践中可以发现，组织能力在影响企业成功方面往往起到更为关键的作用。而企业组织能力有三个支柱，一是员工思维模式（愿不愿意）；二是员工能力（能不能够）；三是员工治理方式（容不容许）。

第一驾马车——员工思维：意思就是员工每天上班的时候，是不是真的把心思放在工作上，有没有想将工作做得更好一点，做得比以前更进步一些，做得让公司更满意一点。这就是员工做事情的动力体系建设，没有动力则没有主动性，哪怕能力再强也发挥不出来。员工缺乏工作的动力，往往是企业的激励机制和约束机制没有建立或不完善所致。

第二架马车——员工能力：说到底是员工有没有具备相应的知识、能力、经验把工作按照标准完成，甚至做得更好。员工空有满腔热情，但是不具备把活干好的知识、技能和素质，也不会达到工作绩效标准。

第三架马车——员工治理方式：员工有了工作的热情，具备把事情做好的知识、经验，就一定能够出色地完成工作任务吗？不一定。员工治理方式要解决的是，员工有了激情、有了能力，还需要公司提供相应的管理上的资源和支持。例如，公司的组织架构决定了汇报链，决定了组织成员的分工体系，每个部门、每个岗位的职责是否清晰？有没有重叠、交叉、遗漏的事项？组织的一级、二级、三级流程是否通畅？管理者和核心岗位是否能够依据组织流程进行相应授权？如果缺失这些资源条件，也会导致一个团队的组织能力得不到有效发挥，从而影响目标绩效的达成。

无论是华为的成功因素，还是杨三角管理模式，无一例外地强调了人是企业可持续性发展的原动力，重视人、用好人、激活人是企业在不确定环境中战胜竞争对手的制胜法宝。

人用好了就是资产，用不好就是负债。

当前民营企业在激活个体方面遇到的最大问题和困惑，不是员工有没有能力把活干好，而是员工有没有意愿把活干好。不解决人的动力问题，不激发员工积极性，企业的生命周期将会像流星一样短暂。而要解决员工动力的问题，对员工的全方位贡献评价就是一道绕不过的坎。

当前，很多中小民营企业遇到成本（费用）上升、核心员工流动率上升、利润（业绩）下滑的难题，尤其是核心员工频频流失，令企业颇为头疼。很多人认为这些现状是员工薪酬没有竞争力、提供的福利不够好所致。于是一些企业着手变革薪酬体系，开始梳理组织职位，建立岗位价值评估模型，进行薪酬市场调研、宽带薪酬设计、员工套档模型开发与应用等工作。企业实施薪酬变革，期望给员工加薪后，员工的精神面貌、工作态度、工作责任心会有所转变，员工绩效能够持续提升，但理想很丰满，现实很骨感，员工加薪后的表现还是和以前一样，甚至还不如以前。加薪变成了加成本，让企业老板苦不堪言、无所适从。之所以出现这种状况，是企业变革选错了方向。薪酬分配，是价值评价的结果；价值评价，是薪酬分配的依据。只有评价得好，才能分配得好，这是管理学中的"真金白银"定律。

游戏式积分管理体系，为企业激活个体赋能

什么是游戏式积分管理？

积分管理效仿了游戏的思路，以扣分、加分、奖分三种方式对员工综合贡献进行全方位量化评价，员工大大小小、点点滴滴的贡献都会记录在案。积分越高说明贡献越大，对员工综合利益回报的力度就会越大，打造一套"让雷锋不吃亏"的管理系统，一种让奉献者得到合理回报的激励机制，这正是游戏式积分管理的不懈追求。可以说，游戏式积分管理是一套"员工全方位贡献评价体系"，干得好还是干得不好，奉献多

还是奉献少，全部用数据说话。

钱管一阵子，积分管一辈子！积分管理之所以被称为"员工全方位贡献评价体系"，是基于积分管理的以下性质：

- 既要评价结果贡献，又要评价过程贡献；
- 既要评价职责内贡献，又要评价职责外贡献；
- 既要评价遵章守纪，又要评价文化价值观践行；
- 既要评价管理干部担责，又要给予管理干部抓手；
- 既要物质激励，又要精神激励；
- 既要短期应用，又要中长期结合。

游戏式积分管理的结果应用

企业在推行积分管理体系时，可能听到很多基层员工反映说："这个积分管理确实挺好，我们也愿意挣分，就是不知道多挣积分对我有什么好处？"员工的这种心声，实质上就是如何综合应用积分结果的问题。从激励的角度来讲，积分结果应用的范围越广越好，层次越深越好，员工挣积分后得到源源不断的利益回馈，才能促使员工不断挣积分。而员工挣积分的过程，实际上就是企业不断实现管理目标和管理意图的过程。通过积分指标牵引员工行为，并对行为、结果实施短期、中长期奖励。

▲ 图 2　积分管理应用范围

目 录
CONTENTS

第一篇

游戏式积分管理概述篇

第二篇

积分制落地方案设计篇

第三篇

———

积分制落地应用篇

游戏式积分管理概述篇

第一章

游戏式积分管理综述

第一节　无处不在的积分管理

一、积分管理的起源

积分管理起源于 1793 年的美国，距今已经有 200 多年的历史了。当时的一个杂货铺老板设计了一种回馈客人的方式，每当顾客到店里买东西，可根据金额获得对应数量的铜板，累计一定数量的铜板可换取礼品。

具有中国特色的积分管理制度，是 20 世纪人民公社时期的工分制。生产队为了对劳动者进行考核，普遍采用工分制作为劳动的计量和分配依据。这种工分制，能够在一定程度上根据性别、年龄、出勤情况，为每一个社员指定工分标准，按工作天数记录工分，到年底根据每个人的工分进行分配。实行工分制时，劳动者所得的劳动报酬，取决于他本人参加集体生产所得的劳动工分和工分的高低。

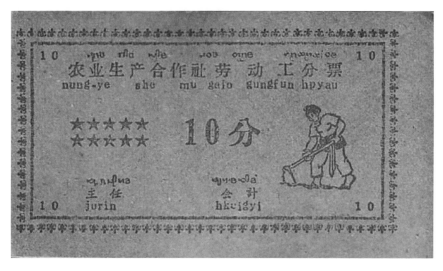

▲ 图1-1　人民公社时期的工分票

工分制在集体经济发展过程中虽然有过积极作用，但长期的实践表明，工分制是造成分配上平均主义的重要因素，其具体表现：由于不易制定统一的工分评价标准以及评工分花费时间较多，往往简单粗暴地一律按评工计分。也就是说，只能简单统计出勤、性别状况，但不能对复杂的工作任务进行科学合理的工分计算，导致出工不出力、出力不出活、"磨洋工"的情况时有发生。干活靠自觉，挣分凭良心，这种状况势必导致平均主义的产生。

随着经验的积累，工分制管理也迈上了一个台阶，从评工计分升级到按定额记工，但农业生产受自然条件影响较大，劳动定额很难订得合理。即使订出比较合理的定额，由于生产条件的多变性，也往往使它不能准确地反映每个人的劳动数量和质量，其结果将导致两极分化，要么仍然会造成平均主义，要么不合理地拉大分配差距。

20世纪80年代初期，包干到户责任制的形式得到了广泛发展，由产量通过工分制间接反映劳动量的办法转变为以产量本身直接反映劳动量的办法。20世纪80年代后期，工分制只在少数的集体经济中被采用。由于工分制的分配制度完全无法评价实际劳动态度和工作质量，多劳不能多得，偷懒也不会受到惩罚，对社员的劳动积极性造成很大伤害，最终被遗忘在历史的长河里。

随着时代的发展与进步，积分又逐渐进入了我们的眼帘，只不过积分最先是在商家对会员的管理中出现的。对我们来说，积分并不陌生，在工作和生活中，无时无刻能够感受到积分管理的魅力。比如，商场的消费积分、信用卡刷卡积分、航空里程积分、电信运营商积分、城市入户积分、党员管理积分、社区管理积分等。可以这样说，积分已经渗透到各行各业，渗透到我们工作、生活的方方面面。商家之所以如此重视积分运营，主要原因有三点。

第一，增加客户黏性。

首先，获取新用户的成本是维护老用户成本的几倍。现在的线上流量越来越贵，拉新成本居高不下，维护老用户的重要性日益凸显。而通过积分回馈的方式，商家只需通过较低的成本就能达到维护用户忠诚度的作用。

其次，根据著名的"二八法则"，20%的老客户可能会贡献商家80%的利润。这在零售等行业更为明显，经常复购的单个老客户对于商家的贡献远超其他用户，鼓励老客户再次消费能够显著提升复购率和销售额。

最后，客户对商家的贡献越高，客户等级越高，那么商家对客户的回馈力度越大，客户对商家的忠诚度就越高，依赖性就越强，商家替换成本就越高。因此，对客户应用积分管理有其必要性并效果显著。

第二，满足商家的运营需求。

不知道读者有没有留意到，很多 APP 都会设置签到领积分，依据 21 天习惯理论，如果一名用户连续 21 天打开某个 APP 或使用 APP 的某项功能，那么，21 天后，用户会形成使用习惯。APP 签到这一做法，能够唤起用户的行为记忆，通过行为重复形成用户习惯。当产品缺乏其他运营手段时，积分能够较好地满足运营的需求，帮助商家强化用户使用习惯、增强用户黏性。

第三，成本可控。

由于积分是由商家所发，积分发放与兑换规则都由商家确定，商家可以根据实际情况进行相应调整。因而，商家在通过积分进行管理时，营销成本控制权完全掌握在自己手中，积分兑换比例事先也会经过比较精确的测算，可以杜绝预算超支的情况。相对于直接给予现金补贴或进行低价秒杀，积分在成本控制方面有着更加明显的优势。此外，商家积分一般都会设置有效期，逾期清零或作废。这样做一方面能够鼓励用户及时消费，另一方面也方便商家进行财务管理，不会形成长期负担。

可见，积分相对于其他运营手段有着天然的优势。作为一个行之有效的运营手段，在合理使用的情况下，积分能帮助商家达成事半功倍的运营效果。

二、小积分大改变：村委会如何应用积分进行有效管理

有媒体曾对浙江省嘉兴市平湖市当湖街道通界村村委会应用积分模式治理乡村并取得显著成果的事迹做了报道，我们来看看通界村村委会

是怎么做到这点的。

通界村村干部介绍道："以前村里发布志愿服务项目，邀约好几次也不一定有人报名。现在一推出，没多大会儿就被抢光了；为了让大家配合村里工作，以前村干部不知道要软磨硬泡多少趟，现在说一声就行了……"

◀ 图 1-2 通界村"股份分红 + 善治积分"主题公园

◀ 图 1-3 通界村村民在村"股份分红 + 善治积分"主题公园查阅该模式的介绍材料

应用积分模式治理时，报名申请志愿者积极参与村里发布的垃圾分类、清洁家园等志愿服务，每次可以加积分；成为优美庭院示范户加积分；拆除违建物加积分……村委会把乡村治理中遇到的所有难题都和积分挂钩，很多问题迎刃而解。那么，村民为什么这么热衷于挣积分呢？

通界村推行的治理模式被称为"股份分红＋善治积分"收益分配模式，该模式将村民参与乡村治理行为与村集体经济发展成果挂钩，从当年股份分红的总金额中提取不高于 20% 的额度，按照股东户每年在村中心工作中根据表现情况形成的善治积分进行分配，实现基层社会治理从"村里事"向"家家事"转变。截至 2020 年 10 月，通界村 698 户股东户已获积分激励资金 15.66 万元，推动解决房前屋后环境整治、主动拆除违章建筑等各类矛盾问题 700 余个。

2019 年年底，平湖市农业农村局联合平湖市农商银行，在通界村创新试点"善治贷"，根据村民积分数换算成授信额度及优惠利率。通界村 80 个高分农户合计获得贷款授信 2420 万元，村民对"善治贷"这样评价："两天时间就到账了，无须抵押、担保，利率也低。"村民陈某林就凭借 2019 年通界村全村第一的积分，被授信 50 万元贷款额度，缓解了因采购原材料急需资金的燃眉之急。

2020 年 7 月，中央农办、农业农村部发出通知，提供了全国 8 个在乡村治理中推广运用积分制的典型案例供各地学习借鉴。其中，通界村"股份分红＋善治积分"收益分配模式是浙江唯一入选的案例。

2020 年 8 月 3 日，《江西日报》头版对江西省新余市良山镇白沙村应用积分模式进行乡村治理进行了报道。2019 年 5 月，新余市良山镇白沙村启动"道德积分银行"，126 户村民率先成为储户并领取了存折。为了确保"道德积分银行"建设有章可循、运行规范，该村专门制定了《道德积分银行积分条例》和《道德积分储蓄存折管理使用及兑换办法》，以弘扬社会公德、职业道德、家庭美德、个人品德为主要内容，从"积孝、积善、积信、积勤、积俭、积美、积学"7 个方面设置了 46 个积分、扣分项目。

比如，为村里老人服务、做好事每次积 3 分，参加各类慈善活动和志愿服务每次积 8 分，被发现乱倒垃圾每次扣 10 分。每个月，白沙村道德评议委员会都会分成多个小组深入储户家中进行评分，并召开评议大会，公布积分情况。每个季度按"1 分等于 1 元"的比例开展积分兑换活动，道德积分可用于兑换商品、兑换服务、积分贷款、商家专属优惠等，并公布"光荣榜"和"警示榜"，对得分高者表扬，扣分多者劝勉。

"道德积分银行"所设立的积分项目，积极引导村民用善行义德挣积分，用道德积分换所需物资，充分调动了村民"共治"积极性，带动了"德治"新风尚，推动了农村地区淳朴民风的形成，村民获得感和幸福感显著增强。

▲ 图1-4 "道德积分银行"储蓄卡

不管是江西省新余市良山镇白沙村的"道德积分银行"模式，还是浙江省平湖市当湖街道通界村的"积分与股权相结合"的乡村管理模式，都将积分作为村民贡献评价的管理工具，将乡村治理中的各项难题事务、提倡的行为转化为量化指标，应用加分和扣分的形式，对村民日常行为进行评价以形成积分，并给予相应的精神鼓励和物质奖励，形成一套有效的激励约束机制。实践证明，积分制可以有针对性地解决乡村治理中的重点难点问题，具有很强的实用性、操作性，是推进乡村治理的有益探索。

三、市民积分入户管理应用

现在很多省市在推行积分入户，什么是积分入户呢？即外来务工人员积分入户核准分值达到一定标准后即可申请落户。积分入户有利于增强外来务工人员的归属感，同时依据城市定位，吸引相关人才落户，增强城市的核心竞争力。

表 1-1　2018 年广州市积分入户表

积分类别	积分项目（指标）	积分细项（指标分解）	加分标准
基础积分指标	合法稳定住所	1. 持有《广东省居住证》 2. 累积居住年限	/
	合法稳定就业	养老保险年限	/
	学历	1. 高中、专科 2. 本科以上	/
	年龄	1. 18～30 周岁 2. 31～40 周岁 3. 41～45 周岁	/

表1-1　续表1

积分类别	积分项目 （指标）	积分细项（指标分解）	加分标准
加分 积分指标	技术能力	1. 职业资格，初级、中级、高级，工勤技术等级 2. 从事与职级资格相关的工作	/
	创新创业	1. 发明专利、实用新型专利、外观专利 2. 在高新技术企业、新型研发机构从事技术工作	/
	急需工种 职业资格 特殊服务业	1. 符合广州市急需工种或职业资格目录 2. 从事特殊艰苦行业一线人员	/
	社会服务 和公益	1. 参加献血 2. 参加志愿者	/
	缴税情况	1. 普通劳动者个人所得税 2. 所投资创办的企业，近三个纳税年度累积纳税	/
	表彰奖励	个人获得的奖项和荣誉称号 1. 区委区政府、市委市政府、省委市政府 2. 党中央、国务院	/

表1-1 续表2

积分类别	积分项目（指标）	积分细项（指标分解）	加分标准
减分积分指标	信用状况	1. 信用不良记录，每宗减5分	/
	违法违规	1. 近5年内，有偷税漏税行为，每次减10分 2. 近5年内，受到治安处罚，每次减10分	/
一票否决积分指标	刑事犯罪	近5年内，曾受过刑事处罚，不得申请积分入户	/

　　从表1-1我们可以看到广州市积分入户表设置了四类积分，分别是基础积分指标、加分积分指标、减分积分指标和一票否决积分指标。基础积分指标，适用于所有申请者，也就是积分的常规项，是申请者需要具备的最基本的入户条件。加分积分指标，是希望申请者具备一些特殊要求，这是积分入户的关键指标，满足这些要求的人正是广州市委市政府所希望的落户人才。减分积分指标是不希望发生的事项，通过减分来增加积分入户的难度，也就是说，申请者如果想尽快拿到户口，扣分指标所列事项就不能发生，否则将因积分达不到标准而丧失积分入户的

机会，这将防止不适当的人作为人才被引进来。广州市积分入户表里出现了一票否决积分指标，其目的和意义在于，坚决杜绝具有刑事犯罪前科的人落户到广州市，这些人有可能重操旧业，加大城市治理难度。

广州市每年的积分入户指标都有所不同，不断进行动态调整。设置不同的积分指标，其用意和导向性也是不同的，意味着政府机构对招揽人才的策略不同，想招纳的人才不同。可见，通过积分类型和积分指标的设置，能达到吸引不同类型、不同级别人才的目的。作为企业的经营者和管理者，在落地实施积分管理时，也要通过积分类型和积分指标的设置反映管理的意图，牵引员工的行为，最后达成互利共赢的双赢局面，使得制度真正发挥激励、约束的目的。

四、儿童积分管理应用

作为家长，我们常常感慨，要想教育孩子养成好的生活习惯、好的学习习惯，真的太难了。孩子做作业拖拉，效率低；做事情马虎，简单的作业总是出错；注意力不集中，明明是在写作业，一不注意，他又去玩玩具了，诸如此类的事情数不胜数……

这样的场景，可能对很多家长来说都非常常见。回顾自己小时候，我们恐怕也不一定好很多。其实，这个阶段的孩子哪个不想玩呢？何况现在外部的诱惑那么多，接收信息这么便捷，要专心学习还真不容易。除了给他创造一个良好的学习环境外，促使孩子养成好习惯也极其重要，而方法无非就是在"威逼利诱"这四个字上做文章。"利诱"是激励机制，孩子做好了，他可以得到什么；"威逼"是约束机制，孩子做不好，他将会失去什么。

表1-2 儿童成长自律表

___月统计分	第一周统计分:		第二周统计分:		第三周统计分:		第四周统计分:		
时间 ＼ 分数 ＼ 项目	按时起床	自己穿衣	自己吃饭	不挑食	上学不迟到	完成作业	不乱发脾气	……	合计
	★★★★	★★	★	★★★	★★	★★★	★★	……	
星期一	★★★★	★★	★	☆☆☆	★★	☆☆☆	☆☆		1分
星期二									
星期三									
星期四									
星期五									
星期六									
星期日									
备注	项目是指对孩子的要求，可以理解为积分指标；分数代表事项的重要性，表示完成或者没有完成这个事项，加或者扣多少分数；每一星为1分，实心加分，空心扣分，当日积分＝加分－扣分。								

通过这张积分表，家长可以掌握并应用积分模式，对孩子进行有效的管理。所以，我们可以看到，积分管理其实很简单，用一张简简单单

的积分表，就可以把这帮"天不怕地不怕的熊孩子"给管理起来了。最后一个很重要的环节就是要把兑现机制设计出来，否则孩子会问："我挣了这些积分，有什么用呢？我可以得到我想要的东西吗？"在制定兑现规则的时候，一定要征求孩子的意见，询问孩子想要得到什么，什么是他看重的。让孩子成为规则的参与者，这样更有利于执行。

在制定兑现机制的时候，以下几点家长可作为参考执行：

➢ 奖励的物品一定要是孩子喜欢的，投其所好，他不喜欢看书，你设定奖品是一本故事书，他就没什么兴趣，那么挣积分也就没有什么价值和意义；

➢ 尽量少用金钱作为奖励，因为孩子的世界观及价值观还没成熟；

➢ 付出的汗水不同，奖励的东西也要不同，否则会让孩子对高付出、低回报的事情不闻不问，整个积分管理制度的效果将会大打折扣；

➢ 可以个性化、灵活地设计积分的兑现奖励规则，比如说某个积分事项很重要，但是孩子不愿意做或者经常出差错，那么就可以把这个积分事项拿出来和某个专门的奖励物品挂钩，也可以把这个积分事项作为奖励的门槛条件，达到了家长要求的积分标准的额度，就可以用积分去兑换，否则将失去兑换的资格；

➢ 不同年龄段的孩子，家长对其的希望和要求不一样，而孩子希望得到的奖励也不一样，所以，积分项目和兑换物品也要与时俱进，进行动态调整，切忌生搬硬套；

➢ 在积分兑现的时候，一定要搞一个欢乐、隆重的仪式，除了父母以外，可以邀请爷爷奶奶（不具备条件，可以视频）一起来见证这个庄严的时刻。仪式感搞得好，孩子将会记忆深刻。

经常有学员询问笔者："老师，我们这个行业，能用积分管理吗？"

"我们公司规模很小,可以用积分管理吗?"诸如此类的问题数不胜数,这里不再一一举例。透过本节,我们介绍了商家会员管理、乡村治理、城市入户管理、儿童管理等案例,这些案例无一例外地采用了积分管理模式,其目的就是要告诉各位读者,积分管理可以适用于任何企业,关键是企业如何应用积分管理炒出一盘个性化的菜。企业如何制定一套有效的管理制度能够反映管理诉求,能够有效解决现阶段出现的管理问题,能够有效评价员工的价值贡献度,能够激励愿意付出的人,真正达到激励的目的,这才是问题的关键。

第二节　企业为什么要引入积分管理

一、游戏式积分管理的框架体系

1. 什么是积分管理?

积分管理是指通过扣分、加分、奖分三种打分方式来衡量员工对公司的综合贡献的一种管理方式,积分越高,贡献越大。给员工建立一座行为银行、贡献存折,把物资发放、年终奖金、年终调薪、公司弹性福利、股权激励、培训机会、职业发展等与积分挂钩,对员工的全方位付出进行多点回报,从而激励员工的主观能动性,打造一套"让雷锋不吃亏"的管理系统,让奉献者定能得到合理回报,所以积分管理要实现:让好人不吃亏、让能人不失望、让小人不得志,让想干事的人有机会、能干事的人有平台、干成事的人有价值。

那么,积分管理是一种什么样的管理体系?经过多年的实践经验,我们认为积分管理是一种全绩效评价管理系统，是对员工从绩效结果、工作过程、日常行为等全方位、立体化的付出进行量化评价。员工激励，只有做到评价得好，才能分配得好，只有分配得好，才能有效激活个体，才能确保个体绩效、团队绩效、组织绩效目标的达成。任何没有标准的奖励或者没有建立有效评价模式的奖励，都是在制造混乱、制造不满、消耗和浪费企业的资源，根本达不到激励的目的！所以，赏罚分明是一个组织进步的重要前提。

2. 积分管理体系设计

积分管理模式是要解决如何激励员工为企业创造价值的问题，落脚点是积分方式，根本点还是要引导员工能够为企业持续创造价值贡献，企业能够看到每一分价值贡献，从而认可每一分价值贡献。所以到底哪些内容可以作为积分项目，每个项目做得好如何加分，做得不好如何扣分，这是积分管理首先要解决的问题，即企业要根据发展阶段和管理成熟度，搭建员工的挣分平台，引导和鼓励员工挣"企业想要结果"的分。

笔者曾经与一些老板学员沟通，他们以前在企业推行过积分管理，前一两年员工积极性还很高，大家都愿意去挣积分，但是老板们总感觉哪里不对劲，员工的状态是有了，但真正想要的结果、想要改善的事项反而没有太多人愿意去做，真正为公司做出贡献的员工有时积分反而不高，优秀员工逐渐失去了原有的积极性，公司的积分管理不得不停摆，没法再执行下去。

其实造成这种情况的最核心原因是积分制管理体系设计有问题，可能在积分标准制定、积分推行方式及积分结果应用等方面都存在一些问题，但是首要问题一定是积分标准制定的问题。积分管理到底由哪些类型组成？各自扮演什么角色？起到什么价值呢？

我们先给大家简要介绍一下我们研发的两个模式，一个是积分管理架构，一个是积分管理红黄绿灯模型。让您了解我们是如何做到既全面覆盖，又重点突出，既让员工快乐挣分，又能解决企业业务和管理难题的。

3. 积分管理架构

我们这套积分管理架构是全绩效评价体系，与其他积分体系相比，有"五更"特点。

更全面：我们这套积分管理架构不仅包含遵章守纪（A分）、基础能力（B分）、额外贡献（D分）、文化践行（E分）四类公共积分，还包括一人一表绩效 C分（从绩效结果的 C1分到绩效过程的 C2分、从基层员工职责履行及管理人员通用要求的 C3分到能力提升的 C4分），

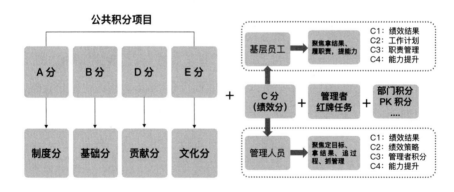

▲ 图1-5 积分管理架构

以及部门积分（K分）、PK积分、管理者红黄牌、任务积分等不同场景下的个性化积分项目，能够看见员工的每一分努力，认可员工的每一分贡献，全面涵盖员工在企业里的综合价值贡献，比单纯以 KPI 绩效

考核更能反映员工在企业的真实表现，与其他积分模式（如 A、B 分）相比也更全面。

更有效：相对于市场上其他积分体系将很多积分内容糅杂在一个模块里，我们的模式积分内容更加清晰化、模块化，更加贴合企业经营管理需要，更能解决企业业务管理和员工管理难题，企业的中高层干部和员工更容易理解，企业也可以根据实际需要解决的问题，分步骤启用对应模块，逐步建立和完善积分管理体系。

更高效：积分模块分类清晰，所以针对不同的积分模块，可以统计出对应的积分额度、积分排名，想要哪一类积分数据都可以随时调取，通过数据分析判断积分导向是否符合企业现阶段的经营管理要求，这样就可以更高效地调整积分标准。

更形象：积分评价无论是采用红黄绿灯评价模型还是分级评价模式，都要立体直观，一目了然，强调企业倡导的行为和坚决杜绝的行为，让员工知道该做什么，不该做什么，宣贯和传播更容易。另外，积分标准清晰也更容易评价，管理者可以快速完成评价，更加公平公正。

更灵活：在应用积分结果时，可以根据不同的积分模块进行排名应用，既可以单独应用，针对这些不同模块设置不同的荣誉名称，进行荣誉激励，也可以组合应用，将积分模块组合起来，根据企业当下想要强调、想要引导的方向即可实现灵活组合。

下面详细介绍一下我们的积分管理框架中每个模块的含义和内容：

在积分管理架构里，A 分、B 分、D 分、E 分属于公共积分的范畴，公共积分对企业所有主体均有相同的约束力。也就是说，公共积分项目、积分指标和积分标准，对管理对象而言，扣分、加分、奖分的规则都是一样的。

A 分：制度分。企业层面对所有员工统一的制度要求，如考勤制度、会议制度等，要求所有员工必须遵守和执行，通过对制度执行情况进行积分评价，提升公司执行力。

B 分：基础分。作为对企业员工基础任职能力的奖励，包括对学历、工龄、特殊技能、特殊岗位等的积分奖励。

D 分：贡献分。强化员工做出的额外贡献，对员工做的好人好事进行积分奖励，鼓励员工的正向行为。

E 分：文化分。对员工在价值观践行方面进行积分评价，员工有企业倡导的行为时给予加分奖励，有企业严令禁止的行为时给予扣分处罚。

针对管理层和基层员工，C 分采取了分层分类的操作方式，也就是一人一表。因为企业对管理层和基层员工的定位、要求是不一样的。对基层员工而言，企业的期望就是拿结果，工作过程少出差错或者不出差错，提高干活能力，所以对基层员工的绩效管理要简单、清晰、明了，不能过于复杂。

企业对管理层的要求首先是要打粮食，也就是把结果放在第一位，不打粮食的干部不是好干部。火车跑得快，全靠车头带，部门能不能有一个好的年终收成，管理者是关键。因此，不仅仅要重视结果绩效，更要关注达成结果的过程管控。绩效管理要符合农事规律，要想年终有一个好的收益，翻土、播种、浇水、施肥是少不了的工作过程，这些工作做不好，期望年终有一个好的收益，那只能是靠天吃饭。

表1-3 绩效分 C3：基层员工与管理层的区别

C分类型	管控类型	内容	基层	管理层
C1	结果管控	相同	绩效结果积分	绩效结果积分

表1-3　续表

C分类型	管控类型	内容	基层	管理层
C2	过程管控	不同	月/周工作计划积分	KPI指标达成策略积分
C3			岗位职责履行积分	管理人员通用项目积分
C4	能力管控	相同	能力提升	能力提升

　　管理者奖扣分任务：管理人员要大胆对下属实施管理，杜绝做老好人。管理干部有责任、有义务帮助员工成长，帮助员工提高工作技能，帮助员工提高赚钱的能力。管理人员不愿意扣分，是一种老好人的表现。慈不带兵、义不养财，领导不狠、员工不强，所以我们提出"管理是严肃的爱"。管理人员对下属进行严格管理的同时，也要时时关心自己的部下，去发现他们表现好的地方，随时以奖励（加分）的形式给以肯定，发现不好的地方，随时以批评（扣分）的方式指出，立即传递管理的信号，什么该做，什么不该做。通过加分及扣分方式，使得员工能够更好地完成本职工作，这样部门业绩指标的完成就有了保障。同时，加分及扣分的应用与实施，能够极大地强化管理者的责任意识，提高下属的工作能力，并增加整个积分体系的灵活性。

　　部门积分：每个部门的管理者在管理下属的时候，管理思路、管理方式不同,应用部门积分管控表就给了部门负责人一个管理工具和抓手。各级管理者可以通过部门积分管控表进行有效管理,而且根据部门负责人制定的部门积分管控表,也可以发现具有高潜质的人才,这一切都是可以通过部门积分管控表实现的。而传统管理模式中,管理者只能通过KPI指标的设定达到落实管理意图的目的,但KPI指标的设定数量只能少而精,过多的指标只会消耗指标的权重资源,最终沦落为"看菜吃饭"。员工只会捡那些简单、好做的指标来完成,难度大、有价值的指标,做不做无所谓,做得好与不好无所谓,因为指标权重资源被稀释后,完成的好坏对员工影响不大。很多人不明白这里边的道理,只要是头疼的事情就想通过增加指标数量来解决,导致"绩效是个筐,什么都往里装",最终"偷鸡不成蚀把米"。

PK积分:营造你追我赶的工作氛围,鼓励员工、团队之间PK,对获胜方进行加分奖励。

任务积分:对于企业（部门）悬而未解之事或临时工作任务可以发起抢分、指定任务,调动大家工作的积极性,让做得多的人挣的积分越多,积分越多利益回馈越多。

对赌积分:企业与员工对赌,员工完成对应的目标和任务后,员工获得积分,没有完成,以扣分作为惩罚。

PK积分、任务积分、对赌积分这三种积分类型,既达到了员工多元化挣积分的目的,又增加了游戏化、娱乐化的色彩,员工在"玩"的过程中完成了任务,赚到了积分,这三种积分类型将在本书的后续章节予以介绍。

根据积分管理架构的导向性,企业可以对每类积分的标准（额度）进行设计,以保证积分管理架构达到预期效果,在实施过程中,不断对

A、B、C、D、E 等积分项目标准加以调整和完善，以发挥积分导向性。

如果积分管理架构初次导入企业，也可以对积分模块赋予权重，作为积分项目和标准设计的依据，以确保积分管理的导向性。如果是积分高手，这些都是表面的方式方法，核心是确保积分导向性，真正发挥积分管理架构的作用。

4. 积分管理红黄绿灯模型

一个风雨交加的晚上，我们在客户公司完成项目交付后在开车回家的路上，无意中闯了一次红灯，当时我存在侥幸心理，想着这么晚了应该没事。结果第二天，我就收到了短信通知，告诉我在何时何地因开车闯红灯被扣 3 分，罚款 200 元。自此之后，我再也没有闯过红灯了。

根据交通红绿灯管理模式及处罚规则，只要红灯一亮就要停车等候，否则扣分＋罚款；黄灯亮起就不能再前行；只有绿灯亮起，我们才可以继续前进。红灯时时刻刻提醒我们不能闯，否则后果严重，对人们的警示和威慑作用是非常大的，起到了非常好的宣传教育作用。另外，交通管理标准清晰，扣多少分、罚多少钱，都有标准，不会引起矛盾，收到短信，办理手续就好。

在企业积分管理模式落地过程中，我们依据交通警示灯的原理，开发了积分管理的红黄绿灯模型。红灯、黄灯、绿灯三种颜色，体现了三种绩效状况。工作做得不好，产生了不良结果就落到了红区，红区就是雷区，不能触碰，否则就启动了扣分机制；黄区意味着工作的实际完成状况符合要求，属于合格标准，这时候就实施加分；工作的结果落在了绿区，就说明工作完成得很好，有了进步并超越了合格标准，这时候就得到了奖分。通过扣分、加分和奖分，就把员工的贡献差距拉开了。

表1-4 积分管理的红黄绿灯模型

积分类型			价值点	红区	黄区	绿区
				扣分	加分	奖分
公共积分	A 分	制度分	遵章守纪			
	B 分	基础分	人才盘点			
	D 分	贡献分	做好人、做好事			
	E 分	文化分	文化践行			
个人绩效	C	绩效分	价值贡献			
部门积分			部门管理者抓手			
管理者奖扣分任务			强化责任意识、增加体系灵活性			

下面从对孩子的积分管理示例帮助大家感受和理解红黄绿灯模型。

表1-5 红黄绿灯模型

积分项目	基础分值	红区	黄区	绿区
作业完成及时性	10分	没有按时完成扣10分	按学校要求按时完成加10分	提前完成奖20分

表1-5 续表

积分项目	基础分值	红区	黄区	绿区
作业完成质量	15分	错误率较高扣15分	错误率较低加15分	没有错误奖30分
吃饭	10分	偏食、超量扣10分	定量、按时吃饭加10分	吃完饭帮忙收拾家务奖20分
锻炼	5分	每天没有锻炼扣5分	每天跳绳加5分	跑步2500米或游泳1000米奖10分

　　红黄绿灯模型清晰简单、直观有效，做什么事能挣分，做什么事会扣分，都是明确的，管理者评价起来也非常容易，对所有员工来说标准统一，所以公平公正。

二、积分管理对企业、对员工的价值

1. 对企业的价值

　　合作的本质是价值交换，只有评价得清楚，才能分得明白，合作才能愉快、长久。游戏式积分管理首先解决的是员工全绩效评价，这一管理体系还体现了以正向激励为主、负向激励为辅的特性，融合人们对认可、点赞、炫耀等精神激励的需求并体现即时激励，能够在多领域加以应用。正是因为积分管理有了这些其他管理模式所不具备的价值点，才走进了企业并呈现燎原之势，被很多企业采纳和认可。

据不完全统计，目前在全国，已经有数十万家企业和单位在运用积分管理方法。人们不禁要问：这种看似简单的管理方法，为什么能够解决长期困扰企业的"管人"难题，极大地激发员工爱岗敬业的热情？为什么能迅速被包括民企、国企、混合制企业、政府管理机构在内的各类不同的企业和部门认可并引进使用？一个应用于企业的管理方法，为什么能够广泛走进各级机关和学校、医院、科研机构、媒体等事业单位，走进社区、农村等基层社会自治组织，乃至警营、部队等军事化管理机构，受到广泛欢迎呢？我们来看看积分管理对企业有哪些价值。

（1）促使员工遵章守纪

员工每一次违规，扣工资会让员工有情绪，不扣工资将使各项制度形同虚设。现在有了积分管理这个工具，将过去的扣工资变为扣分，扣分比扣工资更人性，员工接受的程度大大增加，不需要对员工做过多的思想工作。通过扣分、加分、奖分即时给员工传递管理信号，告知其什么该做，什么不该做。员工挣分挣得少，扣分扣得又多，企业设计的利益包就会离他越来越远。但人在利益面前是抵挡不住诱惑的，因此，即便是为了个人的利益考虑，也会减少违规次数，进行提高各项制度的可执行性。

（2）加强管理人员的管理意识

对管理干部进行授权，强化管理干部的责任意识、管理意识。用积分解决管理干部不作为的问题，一方面降低了管理成本；另一方面，也迫使各级管理干部发现员工的闪光点，随时给予加分奖励，并通过随时发现问题，解决问题，将问题消灭在萌芽状态，防止引发连锁反应产生更大的问题。

（3）解决分配中的大锅饭主义

利益分配的大锅饭主义是企业的一大毒瘤，各种福利平均分配，虽然皆大欢喜，但起不到真正的激励作用。实行积分管理以后，员工的积分排名清清楚楚，体现了员工的价值贡献度，一切皆在阳光下操作，员工感受到相对公平与公正。在这样的规则下，各种福利将向高分人群倾斜。过去的一些企业，老板暗地里发一个奖金红包，还要叮嘱一定不能让别人知道，但可能今天发的红包，第二天所有人就都知道了红包的数额。不比不知道，一比吓一跳，拿到红包时心里还挺美滋滋的，但是一打听到别人的红包数额，犹如晴天霹雳，心情顿时跌落到冰点，到处找人诉说委屈。老板不发红包被人骂，发了红包被骂得更惨，解决的办法只有一个——砸铁饭碗、铁工资、铁交椅。

（4）有利于留住人才

企业留不住人才，是因为没有留住人才的筹码，筹码的背后是利益，利益的背后是机制，机制的背后是员工价值贡献的评价体系。有了积分管理，就有了价值贡献评价的方法。员工的积分越高，得到的好处就会越多，积分越高的人就越不愿意离开公司，因为离职的成本会加大。所以，积分管理有助于解决核心人才、骨干人才流失的老大难问题。

（5）提升员工对事业愿景的认同度

在笔者的课堂上发生过一件有意思的事情，在谈到企业文化的时候，笔者问大家："企业文化重要不重要？"很多人不假思索地回答说："重要，很重要，非常重要。"既然大家都这么说，那就现场做测试，笔者请不同的学员回答其所在企业的使命、愿景及价值观。结果出现了一个啼笑皆非的现象，很多人吞吞吐吐、勉勉强强地说出一两句企业文化，几乎没有一个人很流畅、一气呵成地说出完整的企业文化，而在座的学员中，不乏企业经营者和 HR 总监、经理。

马云说："企业文化是考核出来的，不考核的企业文化全是瞎扯。"

我们用扣分、加分、奖分的方式,引导员工践行企业文化价值观,并促使好的员工行为和习惯得以保持,健康的企业文化就会快速形成。

(6)有利于节约成本

积分只是一项数字,计算简单,直观,且积分和排名(可以有总积分排名、管理序列排名、管理层级排名、单项积分排名、捆绑式积分排名)挂钩,待遇向高分人群倾斜,企业始终把钱花在刀刃上,激励总量不变,个体激励力度在发生变化,在节约了大量激励成本的同时,激励的效果会更好。

(7)工作分类管理

重要的工作用 KPI 考核加以解决,那么次要的工作以及轻松的工作怎么办?但凡令人头疼的工作都要用考核的思路加以解决,那么考核指标数量就会不断增加,指标权重资源会被稀释,最终导致员工看菜下饭,专挑容易做的指标去完成,而有价值或者难度大的工作完成得不好也无所谓,因为对其利益影响不大。而我们用主基二元法的考核模型,就完美地解决了这个老大难问题。重要的工作用 KPI 管理,其他工作用积分管理解决。

(8)利益回馈有标准

企业管理的本质,就是对人的管理。我们经常讲,企业管理就是"人+事"两条线,人搞不定,事就办不成。而"人"这条线就是把个体激活,而"事"这条线就是要把活干得符合标准,甚至超越标准。而要激活个体,就要把个体的贡献度识别出来,评价出来。只有评价得好,才能分配得好,而只有分配得好,才能真正激活个体,促进团队绩效提升,进而提高组织绩效。激励的本质就是要建立一套有效的价值评价体系,让员工价值=价格,最终谁创造价值,谁分配利益;谁创造主要价值,谁分配主要利益;谁创造次要价值,谁分配次要利益,真正形成贡献差距=利益差距，公平地实现不平等的最大化。

（9）其他价值

➤ 不需要修改规章制度或改变现有的流程，只需要把执行不好的事项变成积分指标并设定标准，通过扣分、加分、奖分进入考核运行。

➤ 无论规模大或小都可以使用。积分管理这一方法不受企业规模大小的限制，两个人以上的企业都可以通过积分排出名次，几千人、上万人的企业也可以通过各类排名方式，衡量员工的价值贡献度并和利益回馈挂钩。

➤ 不受行业、发展阶段的影响。管理的理念和管理模式的架构都是相通的，如企业实施KPI考核，KPI的原理也是一样的，都是体现"二八原则"，都是抓重点、抓关键。但每个企业、每个部门、每个岗位的KPI指标又是不同的，因为管理的要求不同，KPI指标也会发生变化。关键是将企业自身遇到的问题以及管理的诉求体现到指标的设置上，这样才能真正做到个性化的考核，积分管理类型和积分指标的设置，也是同样的道理。

➤ 容易落地。游戏式积分管理方法原理简单，既好理解，又容易操作，企业实施积分管理，刚开始推行的时候，或多或少都会有好的结果。问题的关键是，如何持续性保持这种结果？如何将积分管理融入业务，融入管理的方方面面？积分类型和积分指标如何体现管理的导向性？这才是需要深度思考的问题！

2. 对员工的价值

（1）评价全面

绩效考核可以解决关键KPI指标考核的问题，但无法解决引导员工做好人、做好事的问题，无法解决过程管控的问题，无法解决员工的额外贡献如何回馈的问题……这些无法列入绩效考核，但是每个企业又希望员工积极主动地去做，而使用积分进行管理就可以非常完美地解决这些问题。

（2）赏罚公正

积分管理的原则是：不遗漏员工点点滴滴的贡献，员工所有的贡献都会记录在案，随时随地可以看到，并且其他员工的各类积分也都会公开展示，一切流程在阳光下操作，公开透明，是功是过看得见。

（3）即时激励

从激励学说的时效性角度来讲，激励时间拖得越久，激励效果越会呈现出几何级的衰减效应，激励一定要建立"奖惩不过夜，""黑白＋分明"的制度。不及时的奖励就是惩罚，不及时的惩罚就是奖励，能够今天激励的，就不要拖到下一个月，能够今年激励的，就不要拖到明年。

第三节　KPI 与积分管理
都是员工价值评价的工具，有什么区别

一、KPI 与积分管理的差异

很多时候有人会问笔者："老师，我们企业应用了积分管理，是不是就可以不要 KPI 考核了？"要回答这个问题，就要了解 KPI 考核和积分全绩效评价体系到底有什么不同，下面从评价范围、管理难度、激励效果、管理氛围、激励成本五个方面来逐一区别对比。

（1）评价范围

【KPI考核】：以战略为导向，以职责为基础，以领导为要求，以短板提升为重点，从不同维度选择相应的KPI指标进行评价，强调结果，淡化过程。因其体现"二八原则"，考核指标数量有限，无法囊括所有的工作，而这些次要的、基础性的工作如果不抓起来，也会对最终的KPI指标的达成有影响，容易形成管理的真空地带。

【积分管理】：是具有中国特色的360度管理工具，积分管理和我们耳熟能详的传统360度考核并不相同。传统360度考核是直属上级＋周边同事为考核者，其考核思想是对员工的工作绩效有一个综合性、全面性的评价，但因其考核体系设计复杂并难以落地执行，最终实施的结果并不理想，评价的不是人的工作业绩，而是人际关系。

而游戏式积分管理通过公共积分A、B、D、E分＋绩效C分＋部门积分＋管理者任务积分＋对赌积分＋任务积分＋PK积分＋……将员工的工作结果、工作过程、工作行为等全部包含进来，并实施量化评价，真正做到了全方位地"对事评价，对人评价"。

（2）管理难度

【KPI考核】：一提起KPI考核，员工的第一想法就是"定指标、打分数、扣工资，做得越多，错得越多、扣得越多，典型的鞭打快牛"，员工心理抵触情绪严重，导致上有政策下有对策，在企业推行的难度较大。

【积分管理】：以正激励为主并结合负向激励，员工接受程度高，管理对象积极主动挣积分，不但可以获得精神激励，还可以与二次分配挂钩，为企业的中长期激励建立评价标准。

（3）激励效果

【KPI 考核】：注重短期激励，考核结果主要和月度（季度）绩效工资、年终奖金挂钩，评价结果往往不能反映被考核人的真实贡献。

【积分管理】：以正向激励为主，激励效果显著，时间越长，激励效果越显著，积分永久使用，不清零，不作废，只要不离开企业，积分永远有效，时间越长，激励效果越大。

（4）管理氛围

【KPI 考核】：在实施考核时，员工情绪比较紧张，管理氛围欠佳。

【积分管理】：在开心、愉快、欢乐的氛围中落实积分管理，员工参与程度较高。

（5）激励成本

【KPI 考核】：考核结果直接跟工资挂钩，激励成本较高。

【积分管理】：积分结果的应用和排名挂钩，好钢用在刀刃上，激励成本较低。

对 KPI 管理和积分管理对比后发现，两种不同的管理工具，两种不同的管理思想，两种不同的管理原则，价值贡献点和解决的问题导向并不相同。所以，KPI 管理和积分管理不是谁取代谁的问题，而是相互融合，相互依存，发挥各自的价值和功能，这样才能真正科学、合理、公平、全面地评价员工的价值贡献。

二、积分管理的优缺点

积分管理的优点我们已经讲了很多，这里不再赘述。现在我们理性地分析一下，这一管理工具，到底有没有瑕疵，是不是真的完美无瑕？

常言道："金无足赤，人无完人。"所谓完美，只是你还没发现它的瑕疵在哪里罢了，真正意义上的完美无瑕是不存在的，也不可能存在。从这个角度来讲，每一种管理模式、每一种管理工具都有其存在的天然短板和瑕疵，那么积分这个管理工具，它的短板和瑕疵是什么呢？

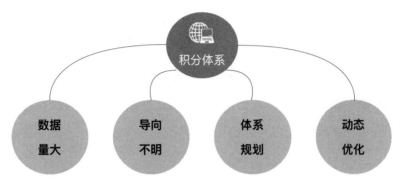

▲ 图1-6 积分管理的短板

因篇幅所限，我们就谈谈积分管理最大的一个短板——数据管理。众所周知，积分管理是员工全绩效评价体系，是360度全方位量化评价员工的价值贡献。你说一个员工表现优秀或者一个员工能力不行，你得有事实依据，这个事实依据就是数据。积分管理的数据是什么？是证据！就像我们打官司，如果要赢得官司的胜利，你要有充足的、完整的证据链条来证明你的主张，你才有可能打赢这场官司。同样的道理，我们实行按劳取酬、价值分配，也要把员工的价值贡献度给识别出来，评价出来，这里就会涉及大量的数据，而积分管理基于360度的评价，就要从不同的维度采集数据、验证数据、管理数据，没有数据支撑的评价体系，其评价结果根本得不到员工的认同，在这样的状况下，我们如何将积分和员工的利益包挂钩？挂钩的范围越广，对组织和个体的伤害就越大。

如果不解决这个问题,那积分管理的落地和实施只能停留在表层,不能和业务需求有效结合,不能和管理需求有效结合,最终实施的结果就是:不能激活个体,不能激活组织,不能使企业的经营指标发生变化,积分管理生命周期会很短,甚至沦落为昙花一现。

如何解决这个问题呢?

要解决积分管理这一棘手问题,我们就要借助 IT 工具,解决数据采集、数据管理问题。为此,我们开发了一款好玩、好用、有效、温暖的移动管理 APP 软件,该款软件已经在上市公司、集团公司、中小微企业等数千家企业得到广泛的应用,取得了斐然的成绩。我们将在本书相应的章节做详细的介绍和说明。

第二篇

积分制落地方案设计篇

第二章

公共积分（A、B、D、E分）方案设计

第一节　A分——制度分如何设计

一、问题思考：什么样的基层员工是优秀员工

笔者偶然间在网络上看到一篇题为《优秀员工孙悟空年度颁奖词》的文章，内容如下：

该员工于贞观八年八月入职，贞观九年六月升任唐僧西天取经先锋官职务，从一只自己都不知道从哪儿蹦出来的死猴子上升为一名斩妖除魔的仙界编外基层管理人员，别人可能要用几年时间，但他没用一年。

他一直被认为是唐僧取经团队最优秀的员工，他是佛祖如来、观音大士自内部提拔而出的仙界基层骨干中具有鲜明个性特色的员工代表。他爱憎分明，敢作敢当，武艺高强，法术深不可测，对本职工作兢兢业业。他给人的第一印象，永远是一种狂野天然之美，他具有强烈工作责

任感的工作态度始终都在感染着取经团队战斗一线的每一个人。他能干挑担牵马的活,他也能打最强最丑的妖怪,他能为师傅着想,他也能站在沙僧、猪八戒、白龙马的立场来思考问题。

他从最初的美猴王齐天大圣到西天取经的大师兄,再到斗战胜佛和至尊宝,他做到了干一行爱一行专一行的工作境界。他热爱他所有的岗位,在任何岗位上他都能以积极肯干、乐观阳光的态度来面对。他是所有妖变仙的妖们的表率,他热爱仙界,贞观二十年天庭宫殿重新装修时,他会想到用用剩的角天石对宫殿墙角进行加固,以防止巨灵神与孝天犬有可能碰撞导致的墙角剥裂;他能熟悉操作天庭几乎所有机关设备,从雷公的斧头到风婆的风袋,从李天王的宝塔到哪吒的风火轮,他无不得心应手,"十八般武艺样样精通"的传奇被他在天庭这个小小的天地里轻松、完美地诠释。

贞观十年,随着西天取经之路的日益艰苦,除妖任务逐月加重,他和他的师弟们顶住了前所未有的压力,保质保量地完成了除妖任务,全年打死各种妖怪 56 只,打伤 527 只,比贞观九年多打死 12 只,多打伤 212 只,产量同比增长 35%,无一次重大工伤事故。无可否认,这是一份让人满意的成绩单。他以他的工作方式带领他的团队交出了一份满分的答卷,他无愧于仙界编外员工中的标兵,他带领他的团队用实际行动展现了仙界群英在贞观十年的工作精神风貌。如果说在这浩瀚的仙界里,仙界编外员工是天庭的根基,他和他的师弟们无疑是这片根基里最坚固最华美的一处地段。他把自己的工作当成一种神圣的使命,即便是最普通的一个岗位,也能够以最高的标准,展现自己的神仙价值,让青春无怨无悔,让修仙之旅绽放光芒!这是孙悟空带给我们所有人的人生感悟。

贞观十年，天庭选择他，是因为他汗流浃背的身影与憨厚的微笑，是天庭所有除妖一线员工的普遍缩影，与仙界及天庭的命运息息相关。贞观十年，天庭选择他，是因为他忙碌的步伐与进取之心，与此时刚刚完成天帝七百岁寿宴活动的蓬勃天庭，竟如此相互呼应，相依相承。

（以上摘自"天涯社区"楼主"特别爱吃肉5"发帖）

大家都知道孙悟空刚开始不听师傅的教诲，在师傅眼中是叛逆的、不遵纪守法的。观音菩萨为了帮助唐僧管理孙悟空，特意传授唐僧"紧箍咒"，当孙悟空不听教诲的时候，唐僧就会使用"紧箍咒"进行管理，直到孙悟空乖乖听话。我们都认为孙悟空是优秀的员工，但是如此优秀的员工也需要"紧箍咒"（制度和规则）进行管理。在其成长和蜕变的过程中，孙悟空能够自觉遵守制度和规则后，"紧箍咒"自然就消失了，因为他所有的行为已经符合要求了，"紧箍咒"对其已经没有作用了。

在现实的企业管理中，管理者肯定最喜欢既有能力又能够遵章守纪的员工，在优秀员工评选中也会优先选择这类员工。即使员工再有能力，如果不遵守公司规章制度，无疑能力越大，风险越大。就像孙悟空一样，我们需要给员工一个"紧箍咒"，在员工违反规章制度时，给予一定的处罚，对把规章制度执行到位的员工进行奖励，引导员工自觉遵守规章制度。

二、罚款制度对"90后""00后"还有效果吗

很多"90后""00后"能力出众，干活出彩，但他们往往很有个性，又不大遵守企业的规章制度。企业放任员工的这类行为容易被其他员工

效仿，强制管理又缺乏有效的方法，很多企业用各种名目的罚款（如乐捐）来处罚这类违反制度的行为。但这些处罚手段似乎没有达到预期的效果，管理者很是头疼，却又束手无策。

罚款制度让笔者想起来读书的时候，很多同学早上时不时迟到，班主任就用罚款来约束学生迟到，迟到一次罚几毛钱，那时的几毛钱对于我们来说，已经是大部分家庭的可支配收入了，但大家并没有因为罚款而减少迟到，后来班主任也就不用这个方法了。

这说明罚款治标不治本，出现问题后，没有从根本上去解决问题，越治越达不到预期效果。从心理上讲，罚款的出现让员工做错事情后不会有丝毫惭愧，因为可以通过罚款为自己的错误买单。如果没有罚款，员工做错事之后可能还会感到惭愧，良心会有不安，而员工被罚款后，已经用自己的收入去弥补错误，就让员工觉得自己错得理所当然。因为有罚款为错误买单，错误就不会被杜绝。从另一方面讲，罚款会让员工感到排斥，认为罚款就是为了克扣员工工资，从而导致员工对工作失去热情，不利于调动员工的工作积极性。综合上述，罚款并不能带来员工对于制度的敬畏和高效执行。

还有一种情况也是很难用钱解决的。由于工作进度紧急需要员工节假日加班，那如何让员工自愿加班呢？很多企业老板为了让员工加班，只能多给加班费或者增加加班补贴，这也无形增加了企业成本，不能从根源上解决问题。如果不给加班费或补贴，员工就会怨声载道，说公司这不好，那不好。从员工角度来说，的确是没有得到利益的回馈，那员工为什么要自愿加班呢？

一位研发部经理曾经给我们讲了这样一个故事。一次周末，有一位客户反馈了一个项目问题，需要立马解决，由于客户催得很急，研发部经理就打电话召集几个相关的软件工程师回公司加班，其中有一位软件工程师正在跟朋友聚会。研发部经理在电话中说："兄弟，你能不能现在赶回公司加班？×××客户的那个项目出了一点问题，要求我们周末就得处理完，这样才不会影响客户周一正常使用，客户第一嘛，我们还是辛苦下。我跟老板申请了，老板会给你们发些补贴。"那位同事说："领导，这不是加班费的事，我已经跟朋友在玩了，这样中途离开不大好。"这时研发部经理在电话中听到了他朋友的声音："要啥加班费啊，周末有什么好加班的，兄弟们好不容易聚下，你不能走啊，你的加班费我给你了。"最后，这个研发部经理还是放弃了让这位软件工程师回来加班的想法。

这种发钱奖励加班的方式也没法让员工主动付出了，我们还有什么手段可以用呢？很多管理者非常苦恼。其实，这种情况主要是加班费可能不是员工现在想要的，激励的手段出现问题，很难让员工自觉、主动地做公司及管理者想要他们做的事情，只有让员工通过这件事获得自己想要的结果才可以让他们主动付出。

三、"90后""00后"画像素描及需求探索

人力资源从业者经常在圈内笑谈不同年龄层的离职原因：

"60后"：什么是离职？

"70后"：为什么要离职？

"80后"：收入更高我就离职。

"90后"：领导骂我就离职。

"95 后"：感觉不爽就离职。

"00 后"：领导不听话就离职。

"世界那么大，我想去看看"，"90 后""00 后"的辞职理由千千万万，一些员工是给多少钱干多少事，有的甚至给钱也不干事，不干事还惹事，现在的"90 后""00 后"员工到底怎么了？

2016 年，智联招聘发布了一份"90 后职场肖像"报告，根据智联招聘的统计发现：与"70 后""80 后"找工作求稳定、谋高薪不同，"90 后"普遍认为工作不只是满足生计这么简单，能够满足兴趣、实现人生意义更重要。调查显示，62% 的"90 后"受访者把兴趣视为选择工作的第一标准，而将薪资待遇放在第一位的"90 后"受访者仅占 38%。

有 81% 的"90 后"受访者希望能在忙碌充实的环境中获得发展。但需要注意的是，大部分"90 后"受访者虽然不惧加班，甘于拼搏，但无法接受"领导不走不能下班"这种传统理由。

"90 后"选择企业雇主标准的调查结果显示，"对员工的尊重"超越了"完善的福利待遇"和"有竞争力的薪酬"，成为"90 后"眼中用人单位最重要的竞争力。另有 73% 的受访者明确表示，"开放自由"的企业文化是最受欢迎的。

智联招聘市场公关部总监表示，"90 后"求职者的三大特点可以总结为"兴趣至上""愿意付出但需要尊重"和"独立高效"。"90 后"是现实的理想主义者，更加善于平衡积极进取和享受生活之间的关系。

2018 年，腾讯 QQ 携手中青报正式发布《00 后画像报告》，报告显示，"00 后"虽然个性十足，但锐意进取，他们口称"佛系"实则奋斗。他们对未来乐观，认"宅"不认"丧"，重收入但更重家庭，90% 的"00

后"认为成功要靠自己的努力奋斗。对于社会给予的二次元、小鲜肉、熊孩子等标签，"00后"更倾向于用开放、独立、自信来形容自己。以下是部分内容：

随着"00后"不断进入公众视线，越来越多的标签贴在了他们身上，而"00后"本身更倾向于用以上这些词形容自己这一代。

在日常生活中，尤其是在与同龄人交流时，"00后"较为频繁地使用网络流行语，他们觉得这些词更好玩、更有趣，在使用时也能更准确地表达自己的想法和心情。虽然在传统用语中也有一些词可以代替网络流行语，但一些"00后"觉得传统词汇太"老土"。

"00后"是移动互联网的原住民，在兴趣爱好方面与其他年龄段的年轻人没有太大不同，但有一些"新花样"。比如，一些"00后"把"幽默"也作为兴趣爱好，他们喜欢刷段子、看搞笑视频，努力让自己说话更加风趣。

从智联招聘和腾讯对"90后""00后"的调研不难发现，这些年轻人平均智商超过以前的同龄人，好奇心强，接受新鲜事物能力强、速度快，我们应该摒弃一些偏见，从正面欣赏的角度来看这一代年轻人。

表2-1 对"90后""00后"的正面欣赏

摒弃偏见	正面欣赏
垮掉的一代	觉醒的一代
颓废的一代	进取的一代
自私的一代	独立的一代

表 2-1　续表

摈弃偏见	正面欣赏
叛逆的一代	创新的一代
浮躁的一代	奋斗的一代

曾有机构对这些年轻人就"工作方面想要什么"做了一次调研，管理者和其本人的调研结果可谓大相径庭，可见员工的需求已经发生了明显的变化，如下表。

表 2-2　员工需求变化

项目	管理者排列	员工排列
高工资	1	5
工作稳定	2	7
晋升更高的职位	3	6
良好的工作环境	4	4
工作内容有意思	5	3
主管的认可、荣誉感	6	1
参与感	7	2

以上调查结果也颠覆了马斯洛的需求层次理论，正三角变成了倒三角，这对传统的管理手段也发起挑战，命令、控制、强压的传统管理手段需要调整。

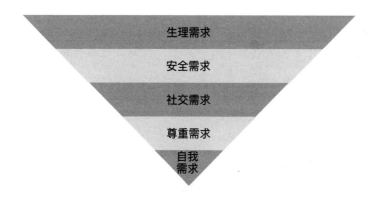

▲ 图 2-1 对需求层次理论的颠覆

四、A 分项目及标准设计

结合"90 后""95 后""00 后"员工的特点及需求，在原有公司奖惩制度的基础上，用积分的形式对员工遵章守纪的行为进行奖励，对员工违反制度的行为进行处罚，获得的积分越高，排名越高，员工就有机会获得各种荣誉。A 分项目就是用荣誉激励来引导员工遵守各项管理制度。

哪些制度需要被纳入积分管理呢？我们举两个例子来说明。

1. 考勤管理

考勤管理是令很多企业人力资源从业者非常头疼的问题，考勤方式在不断改进，考勤制度在不断更新，从卡片打卡到如今的指纹、人脸识别打卡，员工迟到现象依旧无法禁止。笔者曾在网上看到一封求助帖：

今天公司财务部的同事跟我说，以后大家考勤晚一两分钟的可不可以不用计迟到。我直接跟她说这样不行，公司制度定下来就应该严格执行，公司每个月有 2 次免扣迟到的机会，反正我这边只统计考勤次数，如果你想这么人性化操作，在核算工资时可以人性化扣款。她听了很不高兴，她说她每天不像我可以按时下班，有时候加班比较晚，回家后女儿睡着了，都没有交流的时间，所以每天早上就是她和女儿的沟通交流时间，加上赶地铁有时就差一两分钟打卡，如果晚一两分钟不扣考勤，那她每个月都是全勤。我说既然这样，我帮你申请每天迟到 3 分钟内不算你迟到，她又不同意，不想让别人觉得她搞特殊。虽然这是小事，但是每次遇到类似的有特殊要求的人和事，都不知道应该按制度来执行还是"从"了他们。按制度执行的话肯定是方便我这边的工作，但是感觉又得罪了人。请各位前辈指点！

有一家民营的系统集成企业，年轻人居多，多数员工都是具有本科或以上学历的年轻人，头脑敏锐，思维活跃，工作热情很高。项目进度紧张的时候加班加点也不在乎，但工作不紧张的时候就很散漫。他们作息时间不规律，K 歌、泡吧、打游戏，往往一玩就是一个通宵，早上经常不能按时上班。所以公司制定了打卡考勤制度，主要规定摘录如下：

第一条　员工上下班必须打考勤卡，每天应当打卡 4 次，漏打卡者每次罚款 20 元。

第二条　员工不得让他人代打卡，如被发现，代打卡者和被代打卡者各罚款 50 元。

第三条　员工迟到、早退超过 10 分钟，扣一小时工资；超过 20 分钟，扣半天工资；超过 30 分钟，扣一天工资。

第四条　员工因事、因病请假须按规定履行请假手续，否则以旷工计。

......

这一制度推行下去后员工反对声音很大，虽然很多人表面上不说，但公司的氛围和员工的积极性严重受到了影响。

其实上面两种情况很多公司都出现过，从迟到 5 分钟不算迟到，到迟到 15 分钟不算迟到，究竟何时是个头？考勤似乎成为很多人力资源工作者难以跳过的鸿沟。

但有了积分管理就不一样了，只需按制度来，迟到、早退可以不罚款，但要扣减相应的积分；没有迟到、早退的，加相应积分；全勤及加班的，还可以奖励积分，加上有些公司制定的乐捐制度，可以起到良好的效果。下面是一家学员企业制定的乐捐制度，大家可以参考：

迟到、早退者不扣罚任何工资，按照积分标准进行奖扣分。

办公室、会议室门前放考勤乐捐箱，迟到者按每分钟 2 元自觉捐款，早退者按每分钟 3 元捐款，迟到 10 分钟捐款 20 元，早退 20 分钟捐款 60 元，依此类推，公司管理层加倍。

乐捐箱中的资金滚存累积，作为各部门的集体活动经费；按月递减的，另有奖励；集体舞弊的，则冻结该部门一年的集体活动申请资格。

通过积分项目设置，针对此项积分项目可以设置单独运用，设置小蜜蜂奖、乐捐之星来表彰表现好的员工，反面刺激表现不好的员工。而且此项目还可以建立年假储蓄账户，对迟到、早退和加班多的员工分别减少和累加年假，从而让员工主动、自觉地遵守考勤制度。

2. 培训或学习交流会

企业和员工都知道可以通过学习和培训提升能力，但是员工往往三天打鱼两天晒网，很难坚持，就像很多人减肥一样，明明知道要少吃、多运动，却很少能坚持下来。我们知道并非人人都有坚定的意志力，影响人的行为的外部干扰因素太多，所以经常会有人选择健身房或者通过打卡群来督促自己。那么作为企业的管理者，如何才能让员工坚持学习、主动学习并分享学习心得呢？

例如，有很多公司定期举行读书会或者学习会，最初的目的是让员工拓展自己的知识面和提升专业能力，但是渐渐地，有一些员工不愿意参加了，一到读书会或者培训时间，他们就找各种借口不参加。参加的人越来越少，即使来参加，也大多在聊天，根本没有达到做这项工作的目的。面对这样的局面，企业培训管理者或者老板很无奈，提升员工的能力明明对双方都有好处，最终却成了公司剃头挑子一头热，吃力不讨好。

对于此类活动公司一定要有要求，但怎么要求是管理艺术。积分管理就可以有效地解决这个难题。如果在读书会或者学习会中引入积分管理，同样是自愿行为，但效果就不一样了。

比如，对于来参加读书会或学习会的员工，每个员工加 100 分；对于不来的员工，不奖分也不扣分或者扣 100 分（扣不扣分可以根据公司实际情况决定，扣分可以进一步拉大做与不做的差距）。这样，来的员工比不来的员工多出了 100 分或 200 分，相当于不来的员工落后了 100 分或 200 分。为了避免有些员工只是单纯地为了赚分而参加读书会或学习会，可以要求员工提交学习心得才可以加分。公司还可以多加一条规定：在学习会上开展经验交流和学习交流，愿意分享的员工再奖 100 分，不分享的员工不奖分。这样员工也会主动积极地加入分享的队伍，从而推动员工从被动学习转变为主动学习。

以上例子都是将一些公司常见的管理难题转化成积分项目，并通过综合运用达到更好的管理效果。总之，我们可以将公司向全员发布的考勤制度、礼仪形象制度、纪律管理、报销制度等公司级制度纳入积分标准项目，制定红黄绿灯规则。再强调一点，公司制度要求可能很多，首先要从遵守不好的、执行不到位的制度或者项目着手解决，制定积分规则。

五、A分需要划分权重吗

很多人力资源从业者在听笔者的积分管理课程时，经常提出一个问题："在设计绩效指标时，会根据指标的重要性对每个指标设计不同权重，权重的大小反映指标的重要性，再根据指标完成情况设计指标最终的得分计算方法。此种逻辑是不是也适合A分项目及积分标准的设计？"

A分项目基础分的设计与对应项目的重要性相关，根据管理要求，对执行越不到位的项目、对公司影响越大的项目，基础分额度越高，可以按照合计100%规划各个积分细项的权重，得出每个细项的基础分，作为积分标准设计的依据。

根据重要性划分不同权重，计算基础分值，再根据不同的积分项目，设计红区、黄区和绿区积分标准。还可以灵活处理，结合积分细项的属性进行个性化设计，要不要奖分、奖多少，要不要扣分、扣多少，都不能一概而论，需要结合不同的积分项目而定。

六、A 分项目及标准设计小结

不建议企业在导入积分管理初期,将所有的管理制度及每个管理制度的所有内容都制定成对应的积分标准,而要选择最需要挂钩的管理制度或某项管理制度中执行不到位的项目,先将这些急需改善的项目转化成积分项目,后续根据管理的需要逐步完善。

积分红黄绿区是整体逻辑框架,积分标准可以不是一一对应的关系,即某积分项目,根据要求可以在红区、黄区、绿区三个区间选择制定对应的积分标准。

积分项目的积分标准和指标权重的作用一样,积分额度体现了积分项目的重要程度,可以用划分权重的方法倒推基础分值。

基础分值是加分和扣分的起点值,一般情况下,红区扣基础分值,黄区加基础分值,绿区奖基础分值的倍数。为了使员工遵守公司的各项管理制度,可以加大对某项制度的奖分、扣分和奖分的力度,也可以实施加倍扣分。

第二节　B 分——基础分如何设计

一、B 分是对人才基础能力的盘点

很多企业在进行薪酬结构规划和设计时,往往包括学历工资、工龄工资、岗位工资、特殊岗位津贴等薪酬模块。为什么这么操作呢? 原因之一是考虑这些因素能体现员工之间的能力和价值差异,对绩效起到关键影响,所以在设计薪酬结构时,将学历、工龄等作为薪酬结构的一部分，针对不同学历、不同工龄、不同岗位设计不同的薪酬标准。

企业非常希望通过这样的设计来激励员工。但往往员工还是没有感觉，员工依然认为这些都是应该给他的，只不过是企业在玩"套路"，换个说法而已。有些企业也很苦恼，根据这些因素进行调薪时，工资是高了，但往往没有起到对应的激励效果，如果想把工资再降下来，可就太难了。

我们在这里暂且不谈这种设计有没有起到真正的激励效果，但企业进行这样的设计初衷是好的，这些因素的确会对员工绩效产生影响，甚至是深远的影响。所以我们在设计积分标准时，将学历、工龄、岗位等因素作为激励点，统一纳入 B 分进行管理，制定对应的积分标准，通过对这些因素进行加分不断刺激员工，达到激励的效果。

另外，学历、工龄、岗位、特殊技能等是一个员工身上的基本属性，将这些因素作为积分项目，也是对企业员工基本属性的盘点，当我们想在企业内部找出具备某种属性员工的时候，可以通过积分进行筛选，很快盘点出符合对应要求的人。例如，我们想找本科及以上学历，3 年以上工龄，能够用 Java 语言进行软件开发的员工，如果这些因素均被纳入积分项目，就可以通过积分项目筛选快速找到对应的员工。所以在企业经营管理过程中，需要什么就鼓励什么，将这些项目纳入 B 分进行管理。

二、B 分包含哪些项目

B 分积分项目的选择要遵循的原则是：以满足企业经营管理过程中的生产及辅助活动需求为导向。生产活动是指市场、营销、研发、生产及职能部门的工作活动，辅助活动指一些文化娱乐活动，如庆典、晚会等。下面我们详细举例介绍常规情况下将哪些项目纳入 B 分。

1. 学历

BOSS 直聘发布了 2020 年应届生平均招聘薪资及不同高校应届生的期望薪资差异，具体数据如下。

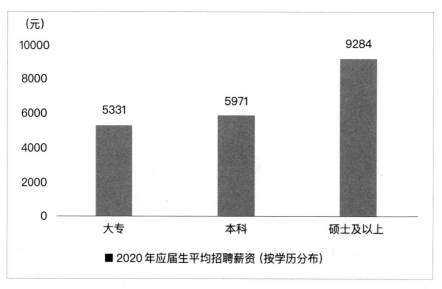

■ 2020 年应届生平均招聘薪资（按学历分布）

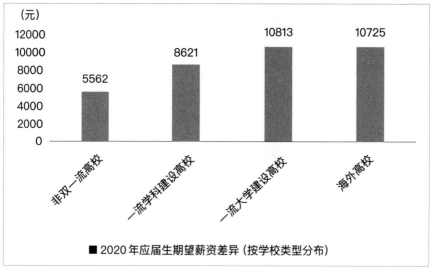

■ 2020 年应届生期望薪资差异（按学校类型分布）

▲ 图 2-2　2020 年应届生平均招聘薪资与期望薪资差异

从以上数据可以看出，企业在招聘应届毕业生时，会根据学历和学校对应届生进行定薪，应届生也会根据自身的学历和毕业学校来评估自己的身价。

笔者曾经跟一个 HR 朋友聊天，他说他曾对一个候选人说过一句特别有意思的话："我知道学历不代表能力，我坚信能力比学历重要，所以，请用你的能力先拿一个学历。"有学历的人都接受过很多年的学校教育，他们拥有丰富的学识和见识，他们的所学正是为了培养能力。学历不代表一个人的全部能力，但从侧面能够反映出一个人的学习能力。在企业中，学习能力也是非常重要的，我们鼓励持续学习，为员工曾经的付出进行加分奖励。

2. 工龄

忠诚并不能用员工在企业任职时间的长短来衡量，而是要看他能否为企业持续贡献价值。员工工龄的长短并不能衡量一个员工对企业的贡献大小，但老员工对企业经营质量支撑、企业文化传承的确有着至关重要的作用。

老员工是企业经营管理、产品及服务质量的重要支柱。老员工在企业各部门基本都是骨干力量。大部分老员工对企业有感情，对工作的责任心和对企业的认同感会比新员工强，而且熟悉工作环境、规章制度和工作流程，有较高的业务水平和工作效率，这些都是新员工比不了的。

老员工是企业文化的重要传播者。缺少老员工的企业往往缺乏文化的沉淀。老员工在日常工作中的一举一动都起着示范作用，不论是好的方面，还是坏的方面，都时刻影响着其他员工。新员工对企业的认识，很大程度来自老员工在工作中给新员工灌输什么样的观念。

老员工是企业成功经验及失败教训的传承者。老员工能将工作中的各种成功方法和工具总结沉淀为企业的宝贵财富。这些是员工未来开展工作的依据，能够大大提升员工的工作效率和品质，同时也是新员工成长和培养的重要素材。

因此，我们要给予老员工更多信任，让老员工承担更多的责任，让他们有机会施展自己的能力，为企业做出更大的贡献，同时也要对老员工给予相应的鼓励和激励，这也是很多企业考虑在薪酬结构中设置"工龄工资"的因素。我们将工龄作为一个积分项目，根据工龄的长短确定积分标准，以此从精神层面鼓励员工持续为企业贡献价值。

3. 职称、技能证书

职称是指专业技术人员的专业技术水平、能力，以及成就的等级称号，职称能反映专业技术人员的技术水平、工作能力，对于企业有一定的价值，包括以下方面。

➤ 提升核心竞争能力，专业技术人才的数量与质量直接关乎企业的研发、销售等专业能力；

➤ 获得国家相关资质许可，如建筑行业资质申请、维护、升级，生产技术企业新建研发实验室，等等国家规定需要具备一定数量的相关工程师职称专业技术人才；

➤ 申报国家高新技术企业，享受国家税收减免、人才补贴等政策，需要具备一定数量的工程师职称专业技术人才；

➤ 项目招投标，需要有相关工程师职称专业技术人才，能获得客户的认可。

所以，在企业设计 B 分时，可以将职称或技能证书纳入积分项目，根据职称或技能证书的等级和含金量制定对应的积分标准。

4. 管理层级（职位）

管理层级（职位）不同，对组织的价值不同，不同的管理层级（职位），组织对其具备的能力要求不同。企业在做职位评估时，大部分评估工具都会将员工掌握的知识和技能作为重要的评估要素之一，如世界知名的两大管理咨询公司的职位评估工具——美世和海氏职位评估法。

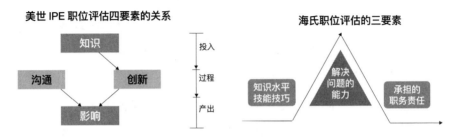

▲ 图 2-3　美世和海氏的职位评估方法

所以我们可以将管理层级（职位）纳入积分项目，根据管理层级（职位）设计积分标准后，对员工进行加分奖励。特别是对于企业特别难招聘或培养的职位，可以针对性地纳入积分项目。例如，一些生产性企业的机器设备操作技师，对生产的效率、品质和成本影响很大，这类技师培养难度大，他们的经验沉淀周期很长，从外部招聘难度更大，在推行积分管理时，在 B 分积分项目设计中就可以重点关注。

5. 个人特长

曾经遇到两件事让笔者很有感触，看看大家有没有类似的经历。

第一件事：笔者曾经有个很好的朋友，在外企担任人力资源副总裁，有一天突然打电话给笔者说他们公司需要组织一场培训，他将具体的需求告诉了笔者并让笔者报方案。大家都知道，在企业内部有关系，成交率是非常高的。所以我们就组织提交了内训方案，静待佳音。过了两天，朋友又打来电话，说我们的方案挺好，他要发给亚太区高层领导审核，需要我们提交英文版的方案。笔者非常希望把这个单接下来，所以告诉朋友没问题，并承诺下周一就发给他。

话说出去了，但笔者还是蒙的，因为之前从来没做过这类的方案，自己英文也一般，根本没有将中文方案翻译成英文的能力，接下来怎么办呢？笔者所了解的几个同事也不具备这样的能力，这让笔者很头疼。笔者试图找以前英语通过八级的同学帮忙。就在打电话的时候，一位同事走进办公室，他似乎有解决办法，示意笔者挂断电话。

挂完电话后，同事就兴奋地说，他英文很好，翻译方案没问题，这下笔者终于松了一口气，原来高手就在身边，这个问题迎刃而解。

第二件事：笔者在一家客户公司做管理咨询项目，那时候刚好年终，公司在筹备年会，需要四名主持人，男女各两名。因为有两名男主持人曾经主持过公司大型活动，所以还缺两名女主持人。有领导提议在外面聘请专业主持人加入主持团队，这样能够确保顺利举办年会。

笔者刚好听到这件事，由于在项目过程中，我接触到一位研发中心的研发助理，了解到她曾经在前公司主持过小型活动，而且在沟通中，笔者发现她很沉稳、大气，稍加练习，完全能够胜任主持年会的工作，所以笔者就给老板提建议，如果用两位外部女主持人不一定好，由于对公司不熟，串词可能更有风险，可以让这位研发助理试试，再用一位外部主持人就好了。最终老板听了笔者的建议，那位研发助理也没有辜负公司的信任，圆满完成了主持任务。

以上两件事让笔者很有感触，公司里有这么多员工，每个员工身上都有闪光点，有一些有别于其他员工的个人特长，如果我们能了解到每个员工身上的一些个人特长，当公司需要的时候，就可以快速找到对应的人，在经营管理过程中顺利解决相应问题，而且用公司内部的人风险和成本都更低。

将个人特长纳入积分项目，根据公司经营管理需要，列出对应特长，制定加分标准，给予员工加分鼓励。同时对员工特长做一次全面盘点，当公司需要的时候，可以快速找到对应的人。

三、B 分项目及标准设计

设计 B 分积分项目的标准要从以下两个方面进行考虑。

1. 积分数值标准

积分数值标准的设计主要考虑以下两点因素。

首先，考虑 B 分项目对企业的重要性，对企业越重要，分值越高，反之分值越低。

其次，考虑 B 分项目对于员工获取的难度大小，获取难度越大，分值越高，反之分值越低。

2. 积分周期

积分周期的设计重点考虑该积分项目对于员工获取的难度，获取难度越大，积分周期越短，反之积分周期越长。

积分周期越短，对员工的激励刺激越频繁，员工的感受度越强，激励效果越好。所以在设计积分周期时需要充分考虑是否需要通过积分方式频繁激励员工,以达到激励效果,让员工创造高绩效。

下表为某企业 B 分积分项目及标准,大家可以思考一下,这些项目的积分周期该如何设计。

表 2-3 某企业 B 分积分项目及标准

能力七大项	加分事项	加分标准(分)
B-1	中技、高中	5
	中专(普通院校)	5
	中专(特种院校)	10
	大专(自考、函授)	10
	大专(普通院校)	15
	大专(重点院校)	20
	本科(自考、函授)	25
	本科(二本院校)	25
	本科(普通院校)	30
	本科(重点院校)	40
	研究生(普通院校)	50

表 2-3　续表 1

能力七大项		加分事项	加分标准（分）
B-1		研究生（重点院校）	60
		研究生（国外名校）	80
		博士（普通院校）	85
		博士（重点院校）	90
		博士（国外名校）	95
B-2	资质证书	初（员级）级－技术员	20
		初（助理）级－助理工程师	30
		中级－工程师	40
		副高级－高级工程师	50
		正高级－研究员级高级工程师	60
B-3	公司内部职称评定	技术员	10
		助理工程师	15
		初级工程师	20
		中级工程师	25
		副高级工程师	30

表2-3 续表2

能力七大项		加分事项	加分标准（分）
B-3	公司内部职称评定	正高级工程师	35
		初级会计师	20
		中级会计师	25
		高级会计师	30
B-4		组长	5
		领班	10
		出纳	15
		会计	20
		（副）部门主管	15
		部门主管	20
		（副）部门经理	25
		部门经理	30
		项目经理	30
		部门总监	35
		副总工程师	40

表 2-3　续表 3

能力七大项	加分事项	加分标准（分）
B—4	总工程师	45
	副总经理	50
B—5	钳工	5
	装配工	5
	车工	10
	铣工	10
	焊工	10
	电工	10
	制冷工	15
	非专业绘图软件	5
	非专业美工处理软件	5
	网站设计	5
	辅助分析软件	10
	驾驶证	10
	工业设计	5
	广告设计	5

表2-3　续表4

能力七大项	加分事项	加分标准（分）
B-6	语言能力	5
	体育特长	5
	文艺特长	5
	计算机等级证书	5
B-7	党员	5
	劳模	5
	模范	5
	先进个人	5
	义务工作者	5

上表对 B 分积分项目的设计做得非常详细，就连学历都分得很细。笔者建议可以简单操作，毕竟 B 分不是积分体系的核心，做到既能体现差异又方便操作为好。

四、B 分项目及标准设计小结

B 分是结果贡献的驱动要素，体现了公司希望员工能够持续提升，保障员工能够持续做出企业需要的价值贡献。

B 分是根据积分项目，按照一定的周期给予的固定加分，没有扣分，所以积分标准不能太高，防止员工不劳而获，同时积分标准也不能过低，否则力度不够，员工感受不到，达不到激励效果。

B 分是对公司员工做的一次人才技能盘点，通过盘点，对员工掌握的技能现状进行扫描，清晰员工状态，根据公司经营管理的需要，通过制定积分项目，引导员工进行针对性提升。

B 分要充分挖掘员工的能力，以满足企业经营管理和组织相关活动的需要，否则就是对人才能力的浪费。

第三节　D 分——贡献分如何设计

一、中国企业管理员工最大的缺失——过度强调做事，忽略如何做人

蹭花了别人的车怎么办？逃跑？原地等车主？还是喊个补漆师傅过来瞧瞧？虽然路边停放的小汽车越来越多，蹭到也在所难免，但毕竟损坏了人家的物品，道歉、赔偿是应该的，可又有多少人做得到呢？2017 年《柳州新闻网》的一则报道，在网上引起了广泛讨论。

7 月 5 日，一则"刮宝马车后主动留纸条'求赔偿'"的事件引起柳州市民及网友的广泛关注。部分市民网友认为这是一则炒作新闻，是有人故意为之；而有些市民网友则认为这是社会主义核心价值观践行的标准，值得弘扬宣传。

经协商，7 月 5 日晚，某记者与当事人秦先生一同来到车主黄先生家中讨论赔偿事宜。面对记者的采访，秦先生略显羞涩："如果我一

走了之，我过不了自己那关，设想自己停在外面的车无故多上几条刮痕，却没个说法，那得多郁闷，多烦躁，说不定这负面的情绪还会影响到工作与生活。"

据了解，黄先生的宝马车只购买了"第三方责任险"，所以刮伤处并不能得到保险理赔，经过宝马4S店评估，修理费用在1900元左右。

"经过几次生意的失败，我现在的经济情况很糟糕，我还在努力改变现状，所以能否让我分三个月偿还1900元的修理费？"虽然难以启齿，但秦先生还是将困难说了出来，希望能争取到黄先生的理解。

黄先生认为，如果秦先生"肇事逃逸"将会对电动车后座的孩子产生极其严重的负面影响，并表示不需要秦先生赔偿损失。但秦先生却不答应："既然是我刮的，费用就应该由我来出，不能因为我如今生活条件并不富裕而改变做人的准则。"

"要不你来我公司上班吧，我特别喜欢像你一样有责任心、讲诚信的人，这样你既能通过劳动来赔偿我的损失，我们也能做个真心朋友。"黄先生给出建议。

如何塑造品德？

秦先生给出这样的答案："大道理谁都会说，但不是谁都会做，我就是时刻提醒自己要把说与做紧密结合，才对得起自己的良心。"

关于上述新闻，不知道大家如何看待？网络上有一篇正面的报道："'留纸条求赔偿'折射出中华民族传统美德的火花。这一股美德正气，仿佛夏日里的清风徐来，令人神清气爽……一场'刮车事故'变成一段感人佳话，这是诚信和美德的结果。讲诚信，是做人做事的准规则……孔子曾经说过：'士而怀居，不足以为士矣。'意思是说，如果一个人整天只想着自己，那么这个人就不可能成为真正的君子。秦先生虽然暂时'家庭困难'，但是他不失信，不失志，不失德，不失道，凭着良心为人处事，有责任担当。有道是，人生最快乐的事是问心无愧，我尽到应尽的责任；人生最痛苦的事，莫过于背负一种未尽的责任。有了责任却没有担当，良心欠账很难还清，而不欠良心账就会'如释重负'，'心上一块石头落了地'。'留纸条求赔偿'折射出来的美德火花十分美丽，也是满满的正能量。生活中应该多一些这样有责任担当的人，多些换位思考，多些诚信和美德，那么社会就会多一分和谐。"如果企业多些这类员工，笔者相信他们在企业中也能够继承和发扬这种美德，帮助企业解决经营管理中发生的各类问题。

我们再来看一个案例。

600万人围观！《人民日报》点赞！河南大三女生求职归途中救人被医院破格录取。我们一起看一下事情的经过。

"90后"女孩靳金梓想毕业后在家乡的医院做护士工作，看到济源市第二人民医院的招聘后，于2019年3月4日下午，前往该院投递简历。在她返回途中，路过沁园路与御驾街交叉口时，刚好看到旁边非机动车道上，一位骑着三轮车、年约80岁的老人连人带车摔倒在地。靳金梓赶忙上前扶起了三轮车，又拿出三轮车上的垫子让老人枕着，一直蹲在地上跟老人沟通，直到救护车赶到将老人拉走救治，她才离开。

经过济源市第二人民医院领导班子研究，该院已经决定正式录用靳金梓，将在靳金梓毕业之时办理手续。济源市第二人民医院院长薛继东说："我们一致认为，这位大学生有品格，有担当，责任感强，通过这件事体现出了新时期大学生的精神面貌，可以说是当代大学生的优秀代表，是我们需要的人才。作为医护工作者，也需要这种品格。"

此消息一出，迅速被新华网、《人民日报》《环球时报》《中国青年报》等媒体竞相报道，播放量达 600 万次。

因救人被医院直接录取，如此破格，恰是崇"格"：崇品德、重人格。从事治病救人的工作，不能缺少专业知识，更不能缺少一颗仁心。赠人玫瑰手有余香，勇于救人获得回报，这是善良的力量。弘扬善举，让存善心者获得良好反馈，做好事便能蔚然成风。

现在的企业管理中，我们常常听到"不管黑猫还是白猫，抓到耗子就好好猫""不看过程，只要结果"等这样的话，这是大多数领导们经常讲的话。这些话在企业内部释放了"过度强调做事"的信号，为员工行为指示了方向。但往往过度强调做事，忽略、淡化如何做人的企业，最终会面临毁灭性的伤害。

曾经有位咨询项目公司的人力资源总监告诉笔者其公司的一个情况，询问笔者如何处理更好，事情大概是这样的。

一个业绩非常好的员工，公司对他非常重视，工资、奖金都给得很高，正值颁发年度优秀员工奖的时候，公司内部出现了两种意见：一种意见认为一定要颁发优秀员工给他，如果不颁奖给他，他就会有意见，会影响员工的情绪和后期表现。另一种意见是不能颁发给他，因为这个员工虽然业绩好，但是他在处理一些事情的方式上有问题，如过度承诺客户，结果公司做不到，引起客户不满；更改客户信息，把同事的客户变成自己的客户等。这些行为对部门内部氛围造成了一定的负面影响。公司领导很为难，到底要不要给他颁这个奖呢？

如果你是公司老板，你该如何决定？

这样的事情的确让人为难，此类员工能力很强，当时当下，能为公司创造高业绩，当然，一些小动作也让人头疼，如果给他颁发优秀员工奖，树立榜样，所有员工都会向他学习，用他的招数，这势必给企业带来很大的风险，整个团队氛围将会持续恶化，发生这种情况企业又该如何做？

孔子云"子欲为事，先为人圣""德才兼备，以德为首""德若水之源，才若水之波"。意思是说：一个人做事要想取得成功，首先要提高自己的品质，修炼自己的内在修养。通俗点讲就是：做事先做人，人做好了，事才有可能做好。中国传统文化中的仁义礼智信、温良恭俭让、忠孝廉耻勇等都是讲如何做人的。"修身齐家治国平天下"的思想也是说要做事先做人，治理家族和国家也要先从做人开始。这些都是中国传统文化中人格理论的精髓。

员工除了吃饭睡觉，在企业里的时间最长，可以说企业是除社会、学校外，员工成长最重要的组织。作为新时代的企业家，应该有责任、有担当，将培养、教导员工做一个对社会、对企业有奉献，乐于助人，见义勇为的好人作为企业的一项重要责任和使命，通过长期宣导，引导员工的正向行为。员工长期在这样的氛围和环境中，必将被影响、被感召，企业的组织氛围也会更加健康。这样不但对社会有益，对于企业健康持续发展也更有益。

二、 D 分项目及标准设计

我们将 D 分项目分成以下四大类，具体见下表。

表2-4　D分积分项目类别

类别	概念	典型积分项目
好人好事	所做的事情给社会、公司、同事、他人带来好处，给他人带来便利	拾金不昧、灾区捐款、见义勇为、献爱心等
分外之事	事不关己，主动付出； 在本职工作之外； 在工作时间之外（节假日、休息日、下班后）	主动沟通交流、帮助推荐人才、作为新员工辅导员；主动帮助同事解决问题；主动传授工作经验、方法与技巧
特别之事	针对某项工作有突出的贡献而进行的积分单项奖，可以是本职工作内的，也可以是本职工作外的	各种临时任务；各种会议策划（公司年会、产品发布会、经销商会议等）
共同之事	公司希望全体员工在某些事项或方法上进行改变	全员营销

积分项目确定后，如何制定积分标准呢？我们举个例子。很多公司鼓励员工内部推荐人才，都会制定一个奖励标准，一般情况下是根据对应岗位，被推荐人入职后奖励员工多少钱，或者被推荐人通过试用期后奖励员工多少钱，或者两者结合。而如果很多被推荐人在面试阶段被淘汰了，但员工推荐了简历，被推荐人也来公司面试了，这些情况我们是否应该鼓励？大家看一下下面的积分标准有什么问题？

➤ 第一种：介绍新人入职奖励积分50分。

➤ 第二种：介绍新人入职奖励积分10～50分。

第一种没有考虑被介绍人员的差异，岗位不同，招聘难度不同，对企业的价值贡献不同，奖励同样的积分没有区分对待；第二种考虑了上述问题，所以设置为奖励 10 ～ 50 分，但是还是没有明确具体的标准，管理者在评价时到底打多少分，不同的部门管理者可能尺度不同，同样的价值，得到的积分却不同，对员工可能就不公平。

那么我们在实际操作过程中，可以按照不同人员制定明确的分级评价标准，另外也可以考虑在推荐人才的不同阶段进行积分奖励，从而不会遗漏员工的点滴贡献。针对一件对公司有意义的事情持续在不同阶段对员工进行积分奖励，让员工持续接收到公司的认可，形成持续性记忆，能不断激发员工持续贡献价值的意愿。

三、D 分项目及标准设计小结

D 分项目能够强化企业员工做好人、做好事，做分外之事、特别之事，激励员工在企业倡导的额外事项上创造价值，加强团队协作，并建立良好的组织氛围。

D 分都是奖分项目，没有扣分，可以根据事项的重要程度、推进的流程节点等进行阶梯设计奖分多少，在同一件事项上持续激励，让员工感受到认可，激发员工再次创造。

D 分项目可以根据企业不同的发展阶段、不同的管理导向进行设计，倡导什么、鼓励什么就应该设计什么项目。不同行业的企业、不同发展阶段的企业可以根据企业发展的需求进行差异化设计，引导企业员工朝着企业希望发生的行为上努力创造价值。

第四节　E分——企业文化分如何设计

一、企业文化的功能

物质资源终会枯竭，只有精神力量生生不息。文化管理是管理的最高境界，现代企业最高层次的竞争是文化竞争。企业的组织与流程变革本质上是人与文化的变革，是人的思维方式与行为方式的变革。

企业文化最大的功能是达成共识，包括：共同的事物、共同的举动、共同的语言、共同的感受、共同的价值观和对文化的共同理解。

从企业长期经营看，企业文化对企业长期经营业绩有重大作用，这个作用不是促进，而是直接提高。美国知名管理行为和领导力专家约翰·科特教授与其研究小组，用了11年时间，就企业文化对企业经营业绩的影响力进行研究，结果证明：凡是重视企业文化因素特征（消费者、股东、员工）的公司，其经营业绩远胜于那些不重视企业文化建设的公司，如下表所示。

表 2-5　企业文化对企业经营业绩的影响

衡量指标	重视企业文化的公司	不重视企业文化的公司
总收入平均增长率	682％	166％
员工增长	282％	36％
公司股票价格	901％	74％
公司净收入	756％	1％

从企业与人的关系来看，企业文化是凝聚人气并使企业克服下滑惯性的动力，没有优良的企业文化，公司将成为一盘散沙，在激烈市场竞

争中逐渐丧失生存活力。企业文化就是员工在企业中形成的做人做事的习惯，用一个公式表示即：企业文化＝三观匹配。

二、核心价值观在于建立企业做人做事的底线

海尔创始人张瑞敏曾说过：海尔过去的成功是观念和思维方式的成功，企业发展的灵魂是企业文化，而企业文化的最核心的内容应该是价值观。企业的价值观就是企业决策者对企业性质、目标、经营方式的取向所做出的选择，是为员工所接受的共同观念。

➤ 核心价值观是企业所有员工共同持有的，而不是一两个人所有的。

➤ 核心价值观是长期积淀的产物，而不是突然产生的。

➤ 核心价值观是有意识培育的结果，而不是自发产生的。

企业文化是以核心价值观为核心的，核心价值观是把所有员工联系到一起的精神纽带，核心价值观是企业生存、发展的内在动力。

核心价值观是判断是非区直、好坏善恶的评价标准，是企业遵守的最基本的价值标准和价值信仰，是经营管理的基本原则。价值观让员工有明确的价值取向。

➤ 什么是该做的，什么是不该做的。

➤ 什么是正确的，什么是错误的。

核心价值观必须是企业核心团队或者企业家本人的肺腑之言，是企业家在企业经营过程中身体力行并坚守的理念，如有些企业的核心价值观中有"诚信"，但在实际经营过程中并没有体现出诚信的行为，那么"诚信"就不是这家企业的核心价值观。从这个角度说，设立核心价值观不是追求时尚，其他企业有的核心价值观不一定就是你的企业的核心价值

观。当企业面对艰难的选择时，核心价值观就是判断的重要依据。

三、从平凡却不凡的华为人探讨华为企业文化建设

1. 平凡的华为人却不凡

华为副董事长孟晚舟在一次演讲中说道："2011 年，日本发生 9.0 级地震，引发福岛核泄漏。当别的电信设备供应商撤离日本时，华为人选择了留下来，地震后一周，我从香港飞到日本，整个航班连我在内只有两个人。在代表处开会，余震刚来时，大家脸色刹变，到后面就习以为常了。与此同时，华为的工程师穿着防护服，走向福岛，抢修通信设备。勇敢并不是不害怕，而是心中有信念。"

华为微电影《华为人》记录了华为人开拓全球市场的真实故事。

在尼日利亚，语言不通、环境陌生、没有人脉，连续几个月没有订单，但他们还是继续坚守。

在巴基斯坦，项目陷入僵局，一年内更换多个经理，客户怒吼着将停止所有和华为的合作，但他们最终力挽狂澜。

2013 年举行的日本软银峰会，没有标准，但不意味着他们设计的产品就会将就，没有标准就是最高的标准。

这些华为人，每天都在做着相同的事，琐碎、单调、简单，但他们心中坚定信念，心怀梦想，满怀激情地继续在平凡的岗位上干出不平凡的事。华为员工心中的信念就是华为的企业文化以及核心价值观：以客户为中心，以奋斗者为本，长期坚持艰苦奋斗。

2. 华为的文化是如何建设和落地的?

很多企业家非常羡慕华为的文化，究竟是何种魔力让这么多的华为人能够认同和践行华为的文化？其实华为的文化传递来自制度，而不是来自任正非一个人，他一个人的力量是有限的，他的影响力也有辐射范围，而制度是没有边界的，制度可以管几百人、几千人，也可以管十几万人，所以文化建设的核心问题就是文化的落地，早期依靠的是老板和核心层，当公司人数规模越来越大时，文化落地靠的就是制度。华为通过以下四个方面进行企业文化建设。

（1）建立《华为基本法》

把文化说清楚，还不只是在墙上贴标语。华为向往什么？追求什么？主张什么？反对什么？都通过《华为基本法》表现出来。让员工认同华为文化，而不是让员工琢磨华为文化，核心是通过建立《华为基本法》，统一牵引大家向着华为向往的方向发展。

（2）高层以身作则

门对门，户对户，员工看干部。所以一定要让员工知道管理者是怎么想的，怎么做的。以任正非为代表的高管，他们忠诚、信仰公司的文化，这是文化的一个重要部分。如果高层都在违反公司的文化，员工怎么能够认同？举个例子，任正非没有专门的司机和专车，他曾说过，如果他要有专车司机，董事长就得有，接着公司 EMT（经营管理团队）成员就要有，后面那些大大小小的员工也就不平衡了，华为就变成车队了。任正非每个月月底都要干一件事，就是把自己的手机通话记录打印出来，单子很长，任正非会一通一通地看，如果是打给自己家里，则属于私事，不能报销。在这点上很多企业的管理者难以做到，而任正非坚持了十多年，有人说这是作秀，但笔者想这是他坚持的底线和原则。

（3）通过制度牵引

华为的文化不是因为有《华为基本法》就可以落地了，也不是因为任正非没有专车就落地了，华为的文化最核心、最关键的是通过制度规范推动文化落地，华为的制度规范为华为文化落地提供了强有力的支撑。华为的基本准则是很厚的一本书，里面有各种基本的行为准则。行为准则不是绩效要求，而是作为华为人的最基本的规范，比如着装要求，坐电梯让客人、女士先行，草稿纸正反面用等。

（4）劳动态度考核

华为的文化是考核出来的，不是弘扬出来的；不是培训出来的，而是给逼出来的。通过考核这个制度使每个人真正认同华为文化。劳动态度考核一视同仁，上到高层，下到基层员工。华为人不得不关注华为文化，除非他不想得到利益。关注自身的利益是人的天性所趋，华为的管理就是基于人追求私利。如果融入不到华为的文化中，那就是无私无欲的人，但这样的人少之又少。只要你关注利益，就有改变你的手段。当然，不是每个员工都认同华为文化，华为的假设是不认同也没关系，公司给员工一种力量让员工认同，而且让员工产生自觉的行动。通过劳动态度考核与绩效考核，建立结果运用机制，考核直接与个人利益挂钩，作为确定工资、奖金和股权，甚至晋升的重要依据，这就让员工不得不关注劳动态度考核。

认同企业文化的员工得到了机遇、鼓励、回报；怀疑者得到了激励，反对者则显得非常孤立无援。好的文化会吸引更多的人加盟，而那些孤立者最终将选择退出。一些企业的文化为什么不好？是因为认同文化的人总是吃亏。谁认同谁吃亏，谁还认同公司的文化呢？背叛就会变成一种趋势，员工就不会在一线为客户努力工作。华为考核的最终目标是不让"雷锋"吃亏，让奉献者得到合理回报，同时让偷懒的人得到惩罚。

用制度培养优秀企业文化，而不是仅仅用道德和说教培养文化，所以我们要相信制度的力量，相信优秀文化的力量。

华为的劳动态度考核使用的是关键事件法，不是靠主管打分，而是用关键事件来举证你是否符合相关要求。如果一个员工说他特别有责任心，当他的主管拿出关键事件记录，说某月某日交给他一个任务，他没有在规定的时间内完成而且还没加班加点，到点下班，造成了不良的后果，这就是没责任心。

劳动态度考评主要围绕华为所倡导的企业文化进行，如是否具有奉献精神、是否进行自我批评、是否愿意到艰苦的地方工作、是否服从调动等。下面是一份华为劳动态度自检表，摘录一部分供大家学习借鉴。

表 2-6　华为劳动态度自检表摘录

序　号	行为参照	自　检
一、基本行为准则：（对所有员工）		
1.1	在公司工作期间，未经公司批准不在外界担任任何兼职或顾问	□没有违反 □违反 □未涉及
1.2	不在费用报销中私账公报，不以因公名义报销不合理费用	□没有违反 □违反 □未涉及
1.3	不泄露个人、不打听别人的报酬	□没有违反 □违反 □未涉及

表2-6　续表1

序　号	行为参照	自　检
1.4	不在上班时间打无关紧要的私人电话，或做其他与工作无关的事情，不利用公司电话打私人长途	☐没有违反 ☐违反 ☐未涉及
1.5	仪表端庄、大方、得体，不在办公场所着无袖衣、背心、超短裙、拖鞋等不符合着装规范的衣物；不留怪异发型	☐做到 ☐需改进 ☐未涉及
1.6	准时出席会议，确不能与会时，提前告知会议召集人；不无故中途退场	☐做到 ☐需改进 ☐未涉及
1.7	在会议中，不交头接耳或做与会议无关的事；将手机设置为静音状态或交秘书处理，不干扰会议	☐做到 ☐需改进 ☐未涉及
1.8	中高层干部不推荐操作类基层人员（尤其是亲属、朋友）入职	☐没有违反 ☐违反 ☐未涉及
基本行为准则：（针对管理者的其他要求）		
1.9	带头遵守公司信息安全规定，不袒护、不姑息违反信息安全规定的员工	☐做到 ☐需改进 ☐未涉及

表2-6　续表2

序　　号	行为参照	自　检
1.10	对下属不符合公司相关规定的行为及时批评纠正	☐做到 ☐需改进 ☐未涉及
1.11	带头遵守公司禁止赌博的规定，对员工的赌博行为及时纠正，不袒护、不姑息，带头营造一个健康的组织氛围	☐做到 ☐需改进 ☐未涉及
1.12	尊重下属，不训斥、责骂下属，不影响下属工作情绪	☐做到 ☐需改进 ☐未涉及
1.13	没有任人唯亲、拉帮结派或根据个人好恶提拔及推荐下属的行为	☐做到 ☐需改进 ☐未涉及
1.14	遵守内部原则，不随意传播团队决策的敏感信息	☐做到 ☐需改进 ☐未涉及
二、责任心与敬业精神：（对所有员工）		
2.1	热爱本职工作，对工作精益求精，不断学习并提高自身工作能力，推动工作进步	☐做到 ☐需改进 ☐未涉及

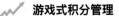
表 2-6　续表 3

序　号	行为参照	自　检
2.2	勇于承担工作责任, 不推卸责任, 并把解决问题作为首要任务	□做到 □需改进 □未涉及
2.3	情况发生变化或遇到困难时, 及时处理或报告有关领导, 努力减免损失	□做到 □需改进 □未涉及
2.4	不计较个人得失与个人恩怨, 讲真话, 不捂盖子, 不隐瞒事实	□做到 □需改进 □未涉及
责任心与敬业精神: (针对管理者的其他要求)		
2.5	注重下属的培训、培养, 言传身教, 带好队伍, 勇于培养和推荐比自己强的人	□做到 □需改进 □未涉及
2.6	以公司业务需求为重, 勇于到艰苦地区和自己不熟悉的环境中工作, 不断挑战自我, 不断自我完善	□做到 □需改进 □未涉及
2.7	跨部门合作不推诿, 勇于承担责任, 有全局观	□做到 □需改进 □未涉及

表2-6　续表4

序　号	行为参照	自　检
2.8	工作安排上不以自我为中心，不强调个人原因而对工作安排讨价还价	□做到 □需改进 □未涉及
三、团队精神：（对所有员工）		
3.1	在工作团队内以工作目标为导向，为团队目标的达成勇于承担工作中的困难	□做到 □需改进 □未涉及
3.2	勇于开展批评与自我批评	□做到 □需改进 □未涉及
3.3	襟怀坦白，包容他人，主动分享资源，积极帮助他人	□做到 □需改进 □未涉及
3.4	注意内部团结，不制造矛盾和事端，以诚待人	□做到 □需改进 □未涉及
团队精神：（针对管理者的其他要求）		
3.5	对下属的考核与评价做到公正、客观	□做到 □需改进 □未涉及

表2-6　续表5

序　号	行为参照	自　检
3.6	处处以身作则，做好下属的表率	□做到 □需改进 □未涉及
3.7	充分、及时地肯定下属成绩，不与下属抢功	□做到 □需改进 □未涉及
3.8	主动学习他人包括下属的长处，吸纳他人的经验，接受下属的正确意见	□做到 □需改进 □未涉及

华为文化考核以前是一个季度考一次，一年考五次，第五次是总评，总评得出一个总分来，就是当年的劳动态度总分。笔者通过跟华为一些员工进行交流了解到，现在华为的劳动态度考核是一年一次，上级主管根据员工的自评进行评价后，交由上级AT（行政管理团队）进行集中评议。

华为的劳动态度考核方式的优点是把公司很多企业文化方面的要求变成非常细致的行为规范，开会、穿着、报销等都列入了劳动态度考核的范畴，这些明细的要求会时刻提醒员工，一旦违反后果严重。一年评价一次，对管理者提出更高的要求，管理者需要记录关键事件，对员工评价有问题的地方进行举证，评价也会存在一定的主观性。

四、阿里巴巴价值观的演变及考核

1. 阿里巴巴价值观的演变

2005 年，马云把阿里巴巴 300 多位高管组织起来，挤在一间会议室，花了一整天的时间讨论，把过去九大价值观压缩成六个：客户第一、团队合作、拥抱变化、诚信、激情、敬业。

"独孤九剑"演变成了"六脉神剑"：金字塔尖，客户第一是不变的企业宗旨；团队合作、拥抱变化是左膀右臂，是组织方法论；诚信、激情、敬业，是员工三大基本素养。

阿里在 2019 年 9 月正式宣布了新"六脉神剑"价值观，从过去的关键词变成了六句"阿里土话"，分别是——客户第一，员工第二，股东第三；因为信任，所以简单；唯一不变的是变化；今天最好的表现是明天最低的要求；此时此刻，非我莫属；认真生活，快乐工作。

这一 3.0 版本价值观的诞生历时 14 个月，期间，阿里巴巴举行了 5 轮合伙人专题会议，累计 467 名组织部成员参与了海内外 9 场讨论；对全球各事业群不同司龄、岗位、层级、年龄的员工进行调研，得到建议反馈近 2000 条。从一个字到一个标点符号，"新六脉神剑"修改过 20 多稿，最终正式出炉。

升级后的价值观取材于"阿里土话"，是非常阿里式的话语表达体系，一位阿里 HR 说："六句阿里土话传递的价值观，让员工更容易理解和接受，全世界那么多家公司，你把正直、勇敢、诚信等这些词放在一起，你都不知道是哪家公司的，但是阿里的这六条价值观，一听就是阿里的，辨识度非常高。"

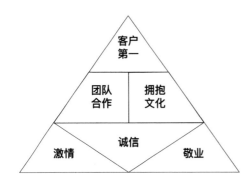

客户第一：客户是衣食父母
团队合作：共享共担，平凡人做非凡事
拥抱文化：迎接变化，勇于创新
诚信：诚实正直，言行坦荡
激情：乐观向上，永不放弃
敬业：专业执着，精益求精

▲ 图 2-4　阿里巴巴"六脉神剑"

2. 阿里的核心价值观考核方式的变化

在很多公司文化是不需要考核的，为什么阿里要坚定不移地进行考核？因为马云就信这个。马云在公司内部说过这样一段话：

"我想和大家一起建立一家中国人创办的世界上最伟大的公司，这个公司至少能持续 102 年，横跨三个世纪，我希望大家也包括我在这样的一家公司工作，能够感觉到自己畅快地走在透明的蓝天下，愉快地走在坚实的大地上；能够感觉到蔚蓝的流动的大海带给你的胸怀，又宛如在绿色的充满氧气的森林里呼吸；这样的一家公司在互联网激烈的竞争面前富有战斗力、执行力，业绩不断增长，规模不断扩大，在'让天下没有难做的生意'这一使命的感召下不断地为社会创造价值。

"而这样的一家公司没有优秀的员工是不可能建成的，我们的'六脉神剑'是所有阿里巴巴人共同尊重的价值观、人生观，它来源于人性最美、最善良的一面，也必能激发人性最美、最善良的一面，为整个社会所接受和认可；它能帮助我们选拔、培养、塑造世界上最优秀的员工，在这样的准则下成长起来的员工，一方面是社会上人人尊重的好公民，一方面是我们企业追求卓越的主力军。因此我们将旗帜鲜明但活色生香地推广我们大家尊重的价值观，为了我们的终极使命和远景目标贡献我们大家的全部智慧！"

阿里内部总结其核心价值观考核主要有以下目的。

（1）价值观的推广是全方位的，深入到招聘、培训、人员选拔、绩效考评、文化建设活动等人力资源管理的各个领域。价值观考核是推行价值观的有力方式，它考核的是员工在日常工作中所展现的态度、行为与六大价值观的符合程度；而价值观所期待的态度和行为是企业的DNA（基因），是保证企业核心竞争力的重要文化基础。

（2）考核价值观的过程是全体员工对价值观的理解达成共识、激发员工对价值观真正的认可和尊重的过程，最终促使全体员工在工作当中始终如一地体现出来。

（3）经理对员工进行价值观考核时必须摒弃"工具"的概念，深刻理解将价值观纳入绩效考核的目的，对员工行为进行深入细致地观察和客观公正地判断，既不要放任自流，又不可吹毛求疵，达到公司推广价值观的真正目的。

阿里的核心价值观考核方式经历了以下变化。

（1）通关制

在2004～2013年间，阿里的价值观考核满分是5分，3.5分以上必须提供案例证明。

（2）ABC档位制（自评＋他评）

2013～2019年，阿里价值观考核运用的是档位制，重弘扬和倡导，去分数化，以A、B、C三档呈现，不设比例；A档和C档都需要多个

事例支持及综合评估描述。三档对应的标准为:

A:超越自我,对团队有影响,和组织融为一体的、杰出的榜样,有丰富的事例和广泛的好评。

B:言行表现符合阿里巴巴价值观要求,是个合格的阿里人。

C:缺乏基本的素质,不符合价值观要求或突破价值观底线,根据程度不同,需要改进甚至离开(不参与奖金、调薪、股权、晋升)。

(3)20项行为描述打分(自评+他评)

随着2019年阿里新的核心价值观发布,价值观考核方式从过去的ABC档位制调整为20项行为描述打分,除了最后一条"认真生活、快乐工作"不做考核外,前面5条价值观各自又列出了4条"行为描述"的细项,一共20项,总分20分,每一条的"行为描述"详细清晰,供自评和他评时对照打分。针对标准符合给1分,不符合给0分,具体行为描述摘录参考如下。

表2-7 阿里20项行为描述

价值观	诠释	行为描述
客户第一 员工第二 股东第三	➤ 这就是我们的选择,是我们的优先级。 ➤ 只有持续为客户创造价值,员工才能成长,股东才能获得长远利益。	➤ 心怀感恩,尊重客户,保持谦和。 ➤ 面对客户,即便不是自己的责任,也不推诿。 ➤ 把客户价值当成我们最重要的KPI(关键业绩指标)。 ➤ 洞察客户需求,探索创新机会。

表2-7 续表

价值观	诠释	行为描述
因为信任所以简单	➤ 世界上最宝贵的是信任，最脆弱的也是信任。 ➤ 阿里巴巴成长的历史是建立信任、珍惜信任的历史。 ➤ 你复杂，世界便复杂；你简单，世界也简单。 ➤ 阿里人真实、不装，互相信任，没那么多顾虑和猜忌，问题就简单了，做事情也因此高效。	➤ 诚实正直，言行一致，真实、不装。 ➤ 不唯上欺下，不抢功"甩锅"，不能只报喜不报忧。 ➤ 善于倾听，尊重不同意见，决策前充分表达，决策后坚决执行。 ➤ 敢于把自己的后背交给伙伴，也能赢得伙伴的信任。
唯一不变的是变化	➤ 无论你变不变化，世界在变，客户在变，竞争环境在变。 ➤ 我们要心怀敬畏和谦卑，避免"看不见、看不起、看不懂、追不上"。 ➤ 改变自己，创造变化，都是最好的变化。 ➤ 拥抱变化是我们最独特的DNA。	➤ 面对变化不抱怨，充分沟通，全力配合。 ➤ 对变化产生的困难和挫折，能自我调整，并正面影响和带动同事。 ➤ 在工作中有前瞻意识，建立新方法、新思路。 ➤ 创造变化，带来突破性的结果。
……	……	……

阿里巴巴将价值观行为化，每个价值观都有明确的公司倡导的行为，员工可以学习对照检查自己，时刻提醒自己。考核时对符合标准的给1

分，不符合的给 0 分，没有 0.5 分的评价，操作比较简单。考核结果占员工考核的 50%，权重非常高，让员工不得不重视价值观评价。这种评价模式存在不及时的情况，评价的时候，评估人需要回忆被评价者的过往工作是否存在行为描述的各种情况，可能存在近因效应、晕轮效应等问题，对员工可能存在不公平。

五、京东的价值观积分考核

1. 2013 年版"圆型"价值观

2012 年 8 月，京东创始人刘强东请来了隆雨。隆雨曾是 UT 斯达康的高级副总裁、全球首席法律总顾问及首席合规官，也是刘强东在中欧商学院的同学。隆雨加入京东的工作任务就是及时梳理京东的文化价值观。京东历经大量的线上线下员工调研，组织高管工作坊讨论，于 2013 年 3 月梳理出了完整的新企业文化，包括使命、愿景和价值观。"圆型"价值观，在京东内部叫"一个中心（客户为先），四个基本点（诚信、团队、创新、激情）"。

以客户为先为例，京东明确了公司提倡的行为和要求，具体如下表。

表 2-8 "客户为先"价值观

服务理念	管理者行为
感恩客户	心怀感恩：懂得只有持续为客户创造价值，我们的存在才有价值，并不断向员工强调这一理念； 优先考虑客户利益：在任何情况下都以解决客户问题为先，决策时，始终将客户体验和客户利益置于首位，尽最大努力为客户创造价值。

表2-8　续表1

服务理念	管理者行为
服务客户	关注文明礼貌：鼓励员工注意言行的文明礼貌，必要时予以纠正，确保员工言行符合《京东人文明利益规范》； 重视客户研究：重视客户体验的研究及投入，持续洞察客户的需求，收集客户信息及反馈，为公司决策提供依据； 努力提升客户体验：努力提供优良的产品、有竞争力的价格和卓越的服务，不断改善和提升客户体验； 构建客户服务体系：积极协调内部资源去满足客户的合理需求，据此建立完善的客户服务体系及衡量考核体系，并为更好的客户体验积极推动流程改进； 激励员工为客户提供优质服务：倡导、激励员工服务客户的行为，帮助员工解决客户服务中遇到的困难。
成就客户	挖掘潜在需求：关注和了解客户的潜在需求，致力于开发符合客户需求的产品和服务； 立足客户长期利益：能够采取具体的措施为客户提供增值服务，并借此成功取信客户； 为客户提供解决方案：担任客户的顾问角色，针对客户需求、问题提出自己独立的观点，为客户提供解决方案； 与客户共成长：鼓励员工帮助买家、供应商提升业务能力。

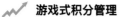
表2-8 续表2

服务理念	员工行为
感恩客户	尊重客户：懂得客户价值，理解并尊重客户； 重视客户需求：把满足客户的需求当作自己的首要任务，为此投入时间和精力。
服务客户	礼貌待客：文明、礼貌、热情、亲切地对待客户； 耐心倾听客户声音：与客户接触时，耐心倾听客户的咨询、要求和抱怨； 首问负责：对来人或来电提出的咨询、投诉和业务办理等问题，无论是否属于本人工作范围的事情，首先受到询问的员工都要负责指引、介绍或答疑，不得以任何借口推诿、拒绝或拖延处理时间； 及时响应客户需求，追踪到底：对客户的需求和反馈及时响应并快速行动，跟进到底，直至客户问题得到解决，对可能多次发生的问题，积极提出流程改进建议； 为我们的过错买单：一切由京东原因造成的客户问题由京东买单，绝不推脱，善于合理使用组织授权的资源弥补客户在体验方面的损失； 不断提升客户服务技能：积累经验、不断学习以快速提升自己服务客户的能力和水平，以期为客户提供完美服务； 开心服务：在满足客户需求的同时，努力提供更多的乐趣，有快乐服务的精神。
成就客户	提供个性化服务：当常规产品或服务流程不能满足客户需求时，努力为客户提供个性化的产品和服务，尽可能快速、准确地解决客户问题； 为客户提供附加价值：用超越客户期待的服务，满足客户需求，帮助客户成功； 以成就客户为荣：以满足客户需求、支持客户成功为快乐和荣耀。

2. 京东 2018 年版"T 型"价值观

2018 年 3 月 30 日，刘强东写了一封京东内部全员信，提出了十二字的 "T 型价值观"，即正道成功、客户为先、只做第一。刘强东说："虽然只有简简单单的十二个字，却高度概括了京东最本源的基因、最鲜明的气质和最内核的 DNA。""T 型价值观"可以用"三度"概括："正道成功"决定了京东事业的高度，是京东基业长青的价值信仰；"客户为先"决定了京东事业的温度，是京东一切工作的价值标准；"只做第一"决定了京东事业的厚度，是京东持续引领的价值驱动。

刘强东曾这样诠释京东的三个价值观："正道成功"不仅仅指我们要合法依规地取得商业上的成功，更重要的是我们要成为行业中的价值典范；"客户为先"是京东成长发展的基因，也是京东一切工作的价值标准，客户是我们的衣食父母，更是鞭策我们前进的力量，客户体验将是京东评价工作和决策依据的最高红线，集团内部凡是涉及客户体验改进的要求和建议，任何人都不能说"不"；"只做第一"不仅仅是我们在市场份额、行业竞争中永争第一，更是一种持续创新、不断超越的精神，京东人要学会忘记现在的成绩，要学会忘记过去的成功路径，以归零的心态，不断打破固有思维、开放心态，坚决抵制傲慢的大企业病，时刻保持危机感。

京东的十二字价值观没有用具体、明确的关键词来诠释。刘强东说，这三个词是京东最核心、最本源、最真实的价值观，任何词汇都不足以诠释其全部含义。

3. 京东价值观的考核

（1）文化大讲堂

刘强东亲自给京东所有的总监开设了文化大讲堂。公司上下做了

5000多场文化轮训，3.3万人接受了价值观的轮训，让价值观从抽象走向具体，不再是挂在墙上的一幅画。

（2）价值观行为积分计划

价值观行为积分计划（简称"价值观积分卡"），是京东各级管理者以价值观行为积分卡、STAR原则和《京东文化手册》为工具，识别出员工符合价值观的行为，并给予认可和奖励的文化落地项目。作为京东的传统文化项目，价值观积分卡对于很多京东人来说并不陌生。作为一群拥有"正道成功、客户为先、只做第一"价值观DNA的京东人，身边的正能量案例很多，这些闪亮事例的主人都会收到满载荣耀的价值观积分卡。

价值观积分卡发放有以下几条规则：

➤ 京东M序列管理人员均有发卡权限；

➤ 以季度为周期，每位管理者每季度有3张卡，3张卡片应授予不同的员工（除非团队少于3人）；

➤ 可发给本部门员工，也可发给协作部门的同级或同级下属；

➤ 各级管理者发出的价值观积分卡对应不同分值，主管（站长）10积分，经理30积分，总监50积分，VP（副总裁）100积分，CXO（首席惊喜官）200积分，特别突出的行为和事迹有机会向更高管理者推荐。

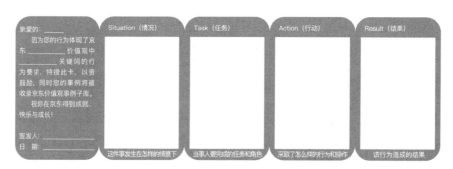

▲ 图2-5 京东的价值观积分卡

管理者每季度登录线上平台进行发卡操作，在发放积分卡时，需要填写员工的获奖理由，并填写符合 STAR 原则的行为事例，并要求管理者将卡尽可能公开地（如例会等公开场合）授予获奖者，并宣读获奖事例。管理者必须在当月发放完毕，在每月月底通过邮件提报本团队获奖事例给上级。

员工通过京东价值观积分卡员工内购平台，根据积分额度，将积分按 1∶1 兑换成优惠券，如 50 积分兑换 50 元东券，满 100 元可抵扣。兑换成功之后，就可以在员工【福利平台】【个人中心】查看到优惠券，并在京东 APP 上用优惠券愉快购物了。此外，凭京东价值观积分还可以享受多种机会和福利，如一年内获得价值观积分卡的员工，有机会跟随集团一起出国旅游。

每季度各大区会根据积分情况，选出 10 名季度文化之星，每人可获得限量版文化之星礼品一套。文化之星会被邀请参加各种庆典，还有机会去集团总部做代表。京东也借鉴了游戏化思维，按照价值观积分颁发勋章和排名奖励。每季度统计积分，可以兑换勋章，满 30 分颁发 1 枚银质勋章，满 90 分颁发 1 枚金质勋章，满 270 分颁发 1 枚超级定制勋章。同时，开展"季度文化之星"评选，当季所获价值观积分排名第一且无行政扣分者，获得一座"季度文化之星"金属立体奖杯以及 200 元礼品卡。

同时，价值观积分成为京东年度评优的重要参考项，积分越高，越有机会在评优中获胜，获胜者还有几千元至 1 万元的奖金。

京东的价值观积分模式对考核方式进行创新，不再是传统的到一定时间进行打分的思路，而是给管理者一定的权限，如果员工做出了符合价值观的优秀行为，管理者可以通过发放积分卡的形式进行加分，这种形式更加形象化,而且比主观评价更具操作性,因为在加分时必须填写具体的事件。京东还将积分结果与物质激励、荣誉激励结合,让员工更加重视价值观的考核。但是管理者对于加分尺度的把握可能不一致,不同的部门之间可能存在尺度的不同,也会造成积分结果应用时(兑换及排名)可能存在不公平。

六、如何进行 E 分设计让企业文化渗透到员工骨髓里

很多企业做企业文化,强调核心价值观,往往是写在纸上、贴在墙上、喊在嘴里,却落实不到行动上。像阿里巴巴、京东这样不折不扣执行价值观考核的企业不多。对阿里巴巴和京东的价值观考核模式我们可以加以转化和借鉴,通过积分的形式即时记录员工遵守价值观的情况,具体有两种操作思路。

1. 总体评价法

按照季度或者半年度对员工的价值观进行打分评价,将分数转化为积分,如阿里巴巴最新价值观总分 20 分,可以转化为积分 100 分或200 分,具体转化成多少分,根据积分总体规划。在做总体评价时,针对过程中发生的关键事件,管理者可以一一记录在对应的企业文化行为库中,这样便于管理者在评价时参照关键行为进行评价。

2. 即时评价法

采用红黄绿灯评价模式,将公司倡导的行为列入绿区,根据不同的行为制定不同的奖分标准;将公司严令禁止的行为列入红区,根据不同

的行为制定不同的扣分标准。这样，当员工发生了违背价值观的行为时，上级管理者就可以即时发起评价，对员工采取即时扣分处罚；当员工发生了价值观倡导的行为时，上级管理者也可以即时发起评价，对员工采取即时奖分激励，如下表所示。

表 2-9　红黄绿灯即时评价示例

价值观	价值观定义与说明	分值（分）	红区	黄区	绿区
			扣分（典型事例）	加分	奖分（典型事例）
客户为本	根据客户需求和情况给予服务，要时刻牢记客户的需求	40	1. 各种响应不及时，超过两小时，扣40分 2. ……	/	1. 客户表扬，加40分 2. ……
拥抱变化	新技术新思想，用开放的态度面对，变化是常态，打开头脑去接受	25	1. 无视新事物、新变化，抵触新技术，漠视变化，扣25分 2. ……	/	1. 积极学习，推动技术革新变化，提出合理意见，加25分 2. ……
合作共赢	与同事合作，与周围一切资源合作，用共赢的心态做事	25	1. 拒绝沟通，不合作，态度消极，沟通敷衍、应付，扣25分 2. ……	/	1. 主动沟通，积极合作，促进配合，得到协助对象的认可，加25分 2. ……

这种红黄绿灯即时评价的方式有以下三大优势。

首先，简单直观，公司反对什么、倡导什么，在红区、绿区显示，哪些能做、哪些不能做就会印在员工的脑子里，有利于价值观的宣导。

其次，不及时的奖励是处罚，不及时的处罚是奖励。让员工第一时间知道自己做得好与不好，时时刻刻知道底线，将直接影响员工每天的行为。

最后，即时评价，即时记录数据，对全员公开，评价更加公平公正，避免造成晕轮效应和近因效应。

第三章

分层分类绩效分（C分）方案设计

第一节　绩效管理

一、绩效管理在企业发展过程中的价值和意义

1. 对于企业的价值和意义

（1）推动战略目标的达成

杰克·韦尔奇曾来中国做演讲，两个小时的演讲，特邀出场费 100 万美元。韦尔奇在这两个小时到底讲了什么？怎么就那么值钱呢？总结下来有两句话最值钱，第一句话是：对经营者来说，最有效的管理手段是绩效管理；第二句话是：绩效管理的区分是建设一个伟大组织的全部秘密！

企业导入绩效管理的目的是通过将公司战略和经营目标层层分解到每个部门和岗位，使得千斤重担万人挑，人人头上有指标，最终使每个岗位、部门实现自身目标的同时，实现公司的经营和战略目标。

（2）驱动人力资本增值

有一个朋友刚到一家新公司时，前几个月非常努力，干不完活就加班加点完成，也不会抱怨。她看到有些老员工基本到点就下班，哪怕工作没有做完，也不是很急，第二天接着干。但她自己是新人，所以还是很努力，愿意多付出，哪怕办公室只剩下她一个人加班，她心里也认为是应当的。

慢慢地，身边的同事好像都用异样的眼光看她，时不时告诉她，没必要那么认真，工作永远是做不完的，第二天接着干就好，加班完成工作，公司又不会多发工资。在她转正没多久，她也慢慢变成了"时间一到就拎包下班的人"，对工作没那么高的要求，将就可以就好了。

我们可以看到这里面的变化，本来这位朋友工作非常努力，能创造更高价值，是人力资本，可是在大环境的影响下，慢慢朝着人力成本的方向转移。我们在多年的经营管理实践中，简单总结了人力资本与人力资源的差别，如下表所示。

表3-1　人力资本与人力资源的区别

人力资本	人力资源
质量、数量	数量
关注收益及结果	关注"人""现象"

所以，对于企业来说，能够带来效益增长的"人力资源"才是"人力资本"，不能创造价值的则会成为人力成本。绩效管理就是驱动人力资源成为人力资本，让员工创造更高价值的有效工具。

（3）推动企业建立积极文化

德鲁克曾说过，一个组织的"士气"并不意味着"人们在一起相处得是否好"，其检验标准应该是绩效。如果人际关系不以达成出色绩效为目标，那么就是不良的人际关系，是互相迁就，并会导致士气萎靡。

我们在很多企业开展绩效管理咨询项目时发现：越优秀的人越喜欢绩效管理，他们希望通过绩效考核来证明自身的优秀，获得期望的职位、待遇等。通过绩效管理公平、公正地评价员工，能够帮助企业建立积极的企业文化，鼓舞员工，营造良好的工作氛围和积极向上、合理竞争的工作环境，引导员工更努力地工作，增强企业的凝聚力和员工的自豪感，从而提升员工的认同感和价值感。

（4）推动企业流程、制度等基础管理的改善

我们在做很多企业管理咨询项目时发现，大部分企业的管理都不规范，企业管理层会提出一个问题：是不是把制度和流程梳理清楚后再做绩效管理更好些？我们往往建议企业先做绩效管理，为什么呢？试想，如果先把制度都制定完整，流程都梳理好，把所有管理都规范化，这样会很累，但效果不一定好。试想，给员工几十个制度去执行，员工会执行吗？员工能执行过来吗？员工会思考一个问题：我为什么要这么做？

如果企业建立了科学的绩效管理体系，企业目标统一了，在实行绩效管理过程中，发现遗漏什么就完善什么，这样更有针对性，员工也知道为什么要这样做了。我们曾经在一家企业给质量管理部门设计指标，将物料检验的及时性作为一个指标，数据统计部门是仓储部，但在实际运行时发现，大家都不知道何为及时，何为不及时，公司成立近20年，质量管理部也没有制定相应的规则。

我们发现这个问题后，立刻组织质量管理部、仓储部、生产部负责

人当面沟通，为了及时为生产提供合格的物料，并让质量管理部和仓储部更好地进行工作衔接，我们研讨出物料检验的时间标准：下午 5 点前到料必须当天完成检验并输出检验报告，下午 5 点之后到料第二天上午10 点前必须完成检验并输出检验报告，特别紧急事项由上级协调沟通处理。定完标准后，各个部门都清晰了检验工作的时间标准，再也没有扯皮的现象发生。

上述案例在绩效管理项目推进过程中是比较多的，我们就是以绩效管理作为主线，对影响关键指标运行的制度、流程进行针对性梳理，提高组织运行的效率。绩效管理对企业制度、流程建设起到了非常好的推动作用。

二、为什么绩效管理不产生绩效？——剖析当前企业主流的绩效模式的弊端

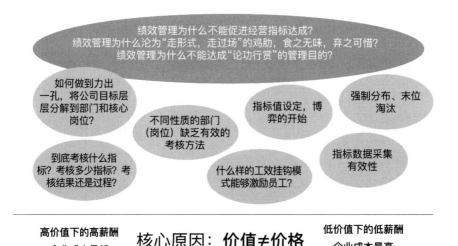

▲ 图 3-1　绩效管理不产生绩效的原因

当前企业运行的绩效管理模式为什么不能促进经营指标达成？

绩效管理为什么沦为"走形式，走过场"的鸡肋，食之无味，弃之可惜？

绩效管理为什么不能达成"论功行赏"的管理目的？

以上三个问题，从上图可以看出很多原因，大部分归纳的都是操作层面的问题，但没有找到最关键的核心问题。老板对绩效管理不满意很重要的一点是发奖金的时候，觉得某些员工没有创造出他想要的价值，认为不应该给他发这么多。而员工不满意甚至因此离职的关键点是他们认为自己创造的价值却没有得到合理的回报。价值与价格之间存在博弈，没有达成统一。我们与很多企业家交流时发现，大部分企业家都是愿意发奖金的，但是他们说要发得有价值，发得有依据，不能发出了不劳而获，不能发出了坐享其成，不能发出了抱怨！

假设公司一个主管岗位的收入为 1 万元，其中薪酬绩效固浮比为 8：2，公司每月按时发放 8000 元，绩效工资为 2000 元，员工绩效等级是 S，等级系数是 1.3，则绩效工资 =2000 × 1.3=2600 元，你对此有何感想？在员工心里，这 1 万元都是工资，做得再好也就多 600 元，大部分员工心里会想，我基本上拿不到优秀，也不指望多拿 600 元，反正我也不会是最后一名，别扣我工资就好。

大家看图 3-2，在绩效结果处理及应用的模式方面，很多企业采用下面这种模式——薪酬划分固浮比，员工绩效等级与部门绩效等级挂钩，分为 5 个绩效等级，不同等级对应不同的奖金系数，最后相乘就得出绩效工资（奖金）。这种传统的绩效结果处理及应用模式，在一定程度上打压了员工对薪酬的欲望和想象空间，同时也让员工失去了对目标追求的动力。

职级 固浮化	管理职系		营销职系		技术职系		服务职系	
	固定	浮动	固定	浮动	固定	浮动	固定	浮动
经理级	6	4	4	6	6	4	6	4
主管级	7	3	5	5	7	3	7	3
员工级	8	2	6	4	8	2	8	2

分布比例 考核等级		员工考核等级分布比例				
		S	A	B	C	D
部门考核等级	S 90~100	30	30	40	0	0
	A 80~90	15	25	50	10	0
	B 70~80	10	20	40	20	10
	C 60~70	0	10	50	25	15
	D 0~60	0	0	40	30	30
员工绩效考核系数		1.3	1.2	1	0.7	0.5

▲ 图 3-2 绩效结果应用常见模式

三、如何针对不同层级的员工建立分层分类的绩效考核思路

不管何种考核模式，如果方案能够体现"价格＝价值"的原则，那这个方案基本能够达到应有的效果。我们提出的新型绩效模式的依据是马克思的《资本论》，是指将员工的工作职责、工作结果，以标准化、规则化、价值化的方式进行量化考核计算，并直接与员工的收入挂钩，按照工作数量与工作质量进行付酬，形成多劳多得、大进步大奖励、小进步小奖励、没进步拿死工资的利益分配机制。我们建议企业针对不同层级的员工建立分层分类的考核思路。

1. 基层员工

（1）易量化的岗位：采用绩效加薪共赢模式，工资推导任务，任务倒逼能力，以结果为导向，用数据说话，按绩效价值创造程度付费。一个员工月度考核指标数量为 5 个，那么该员工一年有 60 次为自己主动加薪的机会，让员工做到"我的薪酬我做主"。

（2）不易量化的岗位：采用菜单式绩效薪酬模式，将职责内容标准化，进行相应定价，就像菜馆里点菜一样，员工干什么活，拿什么工

资，促进员工成为多能手，这样 5 个人的活 3 个人干，拿 4 个人的工资，提高人效。

2. 管理层

管理层的考核思路可参考基层员工易量化的岗位。具体操作方式，敬请大家关注《共赢绩效模式》的课程或书籍。

第二节　基层员工 C 分——绩效分如何设计

一、如何运用主基二元法对基层员工实施考核

以下是我们曾经的一个咨询项目的访谈纪要。

"我们公司的考核指标太多了，指标多了，操作性很差，但是有些指标又很重要，不考核不行，怎么办？"深圳某化工公司的 HR 经理苦恼地说。"比如，销售人员的考核中，有 20 多项衡量指标，刚开始的时候，给每个标准赋予了一定的权重，但是仔细一想，问题很多，如果这样的话，销售人员最重要的业绩指标（如销售额、销售毛利、销售回款、大客户保留、新产品销售占比等）就会被别的指标冲淡了。可能导致的结果就是考核成绩不错，而销售人员最重要的业绩指标完成得并不好，公司的销售额、利润也会因此受到影响。但如果只考核销售人员最重要的业绩指标，那么销售人员根本不会重视别的指标（如市场调查、销售分析、销售计划、促销活动、产品审货、价格执行、市场促销管理与维护、

销售渠道管理、销售日志、公司销售政策执行等），对这些销售过程的指标不加以控制的话，又会影响重要销售指标的完成，这样考核又会流于形式。"

如果你遇到这样的问题，你认为是什么原因导致的？你将如何处理这个问题？

工作要抓关键、要抓重点，但是不纳入考核的工作怎么办？

▲ 图 3-3　绩效考核设计困境

主基二元法的主要思想就是将绩效考核设计成两部分，第一部分是"主要绩效"，也就是我们所说的重点工作，这些工作通过 KPI 指标来加以衡量。要很好地完成这些指标，要求员工不断努力工作、不断提高自己的知识、技能并端正工作态度，它是展现员工绩效的重要部分，做得越好，表现就越突出。

第二部分是"基础绩效"，重点工作之外的其他工作表现、工作成果会落在这个范围之内。基础绩效对主要绩效的完成有影响。基础绩效好，对主要绩效的完成具有巨大的帮助；基础绩效差，主要绩效也好不到哪里去。

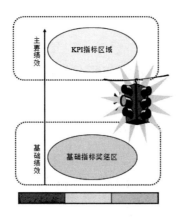

▲ 图3-4　主基二元法

针对基础指标，可采用红黄绿灯管理思路，如下图所示。

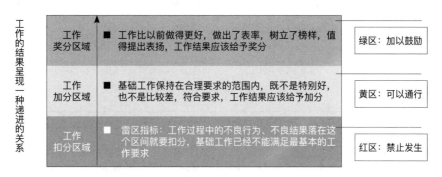

▲ 图3-5　基础指标的红黄绿灯管理思路

将重点工作与基础工作区别管理，重点工作用KPI指标进行考核，基础工作用扣分、加分、奖分进行管理。

对基础工作用积分模式进行简化管理，便于操作，不用担心影响考核者和被考核者的精力和情绪，而且基础工作可以月月考、天天考，时刻鼓励优秀和鞭策落后，另外，基础工作用红黄绿三色区进行管理，填补了 KPI 指标牵引遗留下来的管理空白。

二、绩效考核结果如何与积分挂钩

考核结果与积分挂钩的模式有两种，企业可以根据实际情况选择合适的挂钩模式。

第一种: 将考核结果等级或分数与积分挂钩，根据不同等级或分数，设置不同的分数标准，如下表所示。

表 3-2　积分与绩效等级挂钩方式

月度绩效 C 分的规划				
等级符号	S	A	B	C	D
考核等级	卓越	优秀	良好	合格	需改进
获得积分（分）	1000	800	600	200	−200
备注说明	适用于参与绩效考核人员（入职或转岗一个月以内的人员不参与考核）				

表 3-3　积分与绩效考核分数挂钩方式

月度绩效 C 分的规划				
考核得分（N）	N≥95 分	95 分＞N≥85 分	85 分＞N≥70 分	70 分＞N≥60 分	N＜60 分
积分标准（分）	1000	800	600	0	−200
备注说明	适用于参与绩效考核人员（入职或转岗一个月以内的人员不参与考核）				

第二种：将每一个考核指标与积分挂钩，根据指标的完成情况设置不同的积分标准，如下表所示。

表3-4　积分与每一个考核指标挂钩

销售人员销售额C分规划				
销售增长率	当月实际增长率≥50%	40%≤当月实际增长率<50%	30%≤当月实际增长率<40%	20%≤当月实际增长率<30%	0<当月实际增长率<20%
积分标准（分）	500	400	300	200	100
备注说明	仅销售人员有销售额积分（入职或转岗一个月以内的人员不参与考核）				

每个岗位的价值贡献有差异，如何在积分标准中进行差异化设计，既体现职位价值，又能让操作更加简便？欢迎读者与我们共同探讨交流。

三、基层员工工作过程管理如何与积分挂钩

好的过程是好的结果的重要条件，对于基层员工，管理者应该要狠抓过程，落实细节，让员工根据工作要求及标准完成相应的工作。企业在实际操作中通常用日报、周报、月报的形式进行工作管控。我们来详细讲一下如何操作。

1. 日报——反思与总结，从日报开始

写日报看似是工作中的一件小事，但是可以体现管理者的管理能力。管理无小事，让员工提交日报，其实是管理者们希望通过员工的日报总结，快速了解员工的工作情况，发现存在的问题，并及时给予支持和指导。对于员工本身而言，日报可以帮助他们进行当天的总结和反思，及时复盘。

那么管理者究竟要如何在工作中落实好员工的日报呢？笔者根据实践经验总结整理了管理者落实好员工日报的"3W+1H"，助力管理者落实好员工的日报，并为员工的日报内容提供方向。

（1）为什么要写（Why）

作为管理者，我们需要跟员工说清楚写日报的重要意义和必要性，而不是简单地布置任务，管理者自己也要明白日报的意义所在。关于为什么写日报，可以从两个层面来分析。

➢ 员工层面

自省的精神，历来为古人推崇。曾子说"吾日三省吾身"，要求每天多次自觉省察自己；孟子提出"反求诸己"，要在自己身上寻找原因；朱熹在《四书章句集注》中说"日省其身，有则改之，无则加勉"，意思是每天都要做自我检查，有错就改正，没错就当自我勉励。

可见，"自省"是多么重要。任何人生来都有缺点，但是通过不断自省和学习可以让自己更上一层楼。具体来说，从员工层面，写日报有三大意义。

首先是总结反思，沉淀经验。写日报的过程可以思考如何把工作做得更好，进行个人沉淀和积累，还可以帮助员工查缺补漏、自我盘点，通过文字的记录让自己看到自己成长和进步的点点滴滴，给自己信心和

鼓励。

其次是反馈问题，得到帮助。员工可以把在当天工作中遇到的问题和困惑呈现在日报里，管理者能够及时看见并提供帮助。

最后是互相借鉴，彼此赋能。很多员工在日报里呈现的经验和失败的教训非常值得部门其他同事学习和借鉴，彼此赋能，从而加速自己的成长。

不积跬步，无以至千里；不积小流，无以成江海。任何事情都难在开始，难在突破。每天坚持写日报，一年以后，再回望这一年的成绩，你会发现，这是充实的一年。

➤ 管理者层面

首先是从管理者的角度看，写日报也有两大意义。

有序推进，掌控全局。部门整体工作需要团队的每位成员分工协作才可以完成。日报是事前管理的最好抓手，能够掌握每个员工的工作进度，及时纠偏，有序推进工作计划，确保部门整体工作目标的达成。

其次是辅导员工，赋能成长。通过日报，及时发现员工的短板和不足，及时辅导员工，提出改进建议和方法，帮助员工成长，同时及时掌握员工的状态和情绪，进行关心和疏导，避免问题的发生。

（2）什么时间写（When）

英国哲学家培根曾说过：合理安排时间，就等于节约时间。如果员工迟交日报，管理者没有采取管理措施，管理者对待这件事情的要求就会在员工心中发生变化。慢慢地，员工心里就会想：领导让写日报，我不按时交他也不管，看来领导也是走形式主义，根本不重视日报。就这样，一开始定的规矩没了，一份有重要意义的日报写着写着就"写没"了。

作为管理者，想要利用日报做好团队管理，务必要重视日报提交这一环节，即提交日报中对于时间的要求。

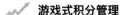
（3）写什么（What）

日报到底要写什么？怎么写才能真正起到作用？经过多年的企业实践和管理咨询经验，笔者总结了以下日报内容框架，供大家学习和借鉴。

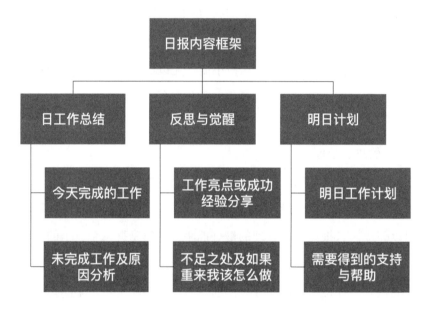

▲ 图 3-6　日报内容框架

具体日报模板，可参照以下表格。

表 3-5　日报模板参考

当日工作总结					
序号	工作计划	完成标准	完成情况与总结	自我评价	

表 3-5 续表

当日工作总结					
序号	工作计划	完成标准	完成情况与总结	自我评价	

未完成工作原因分析

反思与觉醒
1. 工作亮点或成功经验分享：   2. 不足之处及如果重来我该怎么做：

次日工作计划			
序号	工作计划	完成标准	需要的协助

（4）如何将日报管理与积分激励结合（How）

让员工长期坚持写日报，制定相应的日报标准、日报考核和奖惩措施，是必不可少的。对日报提交的及时性、日报质量进行红黄绿灯积分评价，作为过程分激励，具体见下表。

表3-6　日报管理的红黄绿灯积分评价

积分项目	基础分值	红区	黄区	绿区
日报完成的 及时性	5分	没有按时完成， 扣10分	按时完成， 加10分	/
日报完成质量	10分	不按格式规范提交，数据有误，没有经验总结，扣15分	按规范格式提交，数据无误，有经验总结，加15分	经验总结值得其他同事学习和借鉴，早会分享，奖30分

对于及时写日报、日报质量达到或者超出预期标准的员工，管理者需要给予认可，通过积分进行体现，让他们继续保持积极性。对那些把日报视为负担而敷衍了事的员工，进行积分处罚，这样就在积分上把积极和敷衍两种行为拉开差距。对于日报积分高的，部门内部可以设置奖项进行激励，还可以另外奖励积分作为激励。同时对优秀的日报管理者还可以通过积分打赏的形式进行鼓励和认可。

部门管理者还可以将优秀的日报分享给部门内部其他员工进行学习，使优秀经验和失败教训能够得到借鉴。把做得好的人作为标杆，让部门内部同事进行学习，一定程度上对当事人也会起到激励作用。另外管理者在部门会议或工作场合对其言语和行为上的鼓励也很重要，时常给员工一句表扬或一个赞许的眼神，这些都会带来很好的激励效果。

2. 周报——阶段性目标复盘与管理

1984 年的东京国际马拉松邀请赛，名不见经传的日本选手山田本一出人意外地夺得了世界冠军。当记者问他凭借什么取得如此惊人的成绩时，他说了这么一句话："凭智慧战胜对手！"当时许多人都认为他在故弄玄虚。两年后，意大利国际马拉松邀请赛举行，山田本一代表日本参加比赛。这一次，他又获得了世界冠军。记者又请他谈经验。山田本一性情木讷，不善言谈，回答的仍是上次那句话："用智慧战胜对手。"这回记者在报纸上没再挖苦他，但对他所谓的智慧迷惑不解。

10 年后，山田本一在自传中说："每次比赛之前，我都要乘车把比赛的路线仔细地看一遍，并把沿途比较醒目的标志画下来，比如第一个标志是银行；第二个标志是一棵大树；第三个标志是一座红房子……这样一直画到赛程的终点。比赛开始后，我就以百米的速度奋力地向第一个目标冲去，到达第一个目标后，我又以同样的速度向第二个目标冲去。40 多千米的赛程，被我分解成这么几个小目标就轻松地跑完了。起初，我并不懂这样的道理，我把我的目标定在 40 多千米外终点线上的那面旗帜上，结果我跑到十几千米时就疲惫不堪了，我被前面那段遥远的路程给吓倒了。"

心理学家得出了这样的结论：当人们的行动有了明确目标，并能把自己的行动与目标不断地加以对照，进而清楚地知道自己的行进速度和与目标之间的距离，人们行动的动机就会得到维持和加强，就会自觉地克服一切困难，努力达到目标。要达到最终目标，就要像上楼梯一样一步一个台阶，把大目标分解为多个易于达到的小目标，脚踏实地向前迈进。每前进一步，达到一个小目标，就会体验到成功的喜悦，这种感觉将推动其充分调动自己的潜能去达到下一个目标。

周报就是对月度目标计划的拆解，制定周度阶段性目标，经过周度运行后进行验证，最后通过复盘和回顾，调整下一周的阶段目标和计划，为保障整个月度目标奠定坚实的基础。

与日报管理一样，我们按照"3W+1H"阐述如何落实周报，让周报真正发挥其重要作用。

（1）为什么要写（Why）

对于管理者，通过周报可以把握目标进度，保证主航道一致并对员工进行辅导，如果员工目标和任务偏离部门目标和工作任务，应该及时和员工沟通。而且，管理者要做的不仅是对自己上周的工作进行复盘，还需要组织员工对上周的工作进行复盘。复盘是一个追根溯源的客观过程，不需要加以润色，将真实的问题暴露出来，有利于改进工作，将成功的经验固化下来，完成知识沉淀。

对于员工来说，可以通过写周报明确自己的目标，有了目标才知道自己前进的方向。目标也不是随意写的，而是要从实际出发，将部门目标分解到自己身上，需要做到什么程度才能保证部门目标的实现，只有力出一孔的目标才是有意义的。通过周报还可以进行总结复盘、发现问题、及时纠偏。员工可以复盘对哪里进行调整才可以做得更好，如果重来一次，该如何做；有哪些成功的经验可以推广，让更多的伙伴借鉴。

（2）什么时间写（When）

在日报中笔者已经说明了对时间关注的重要性，这里不再赘述。笔者以前在企业一般要求周报在当周下班前完成。笔者在周末可以看每一个员工的周报，有充足的时间对周报进行回复，有些需要重点沟通的，会在周一晨会上或者单独找时间与员工进行沟通，以达成与其在周度目标和任务上的同频。

（3）写什么（What）

经过多年的企业实践和管理咨询经验，对周报到底怎么写，笔者总结了以下内容，供大家学习和借鉴。

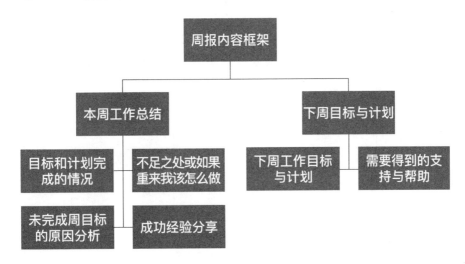

▲ 图 3-7　周报内容框架

具体周报模板，可参照以下表格。

表 3-7　周报模板参考

一、周度计划与总结							
（一）周度目标及行动计划完成情况							
项目	月度目标	周度阶段目标	具体行动计划及完成标准	目标完成情况	计划完成情况	自我评估	上级评价
1							
2							

表3-7　续表1

一、周度计划与总结							
(一)周度目标及行动计划完成情况							
项目	月度目标	周度阶段目标	具体行动计划及完成标准	目标完成情况	计划完成情况	自我评估	上级评价
3							
4							
5							
6							
7	领导临时安排任务						
8							
合计							
希望得到的帮助:							
(二)未完成周目标原因分析及改善行动							
序号	目标差距	未完成原因分析		改善行动			
1							
2							
3							

表 3-7　续表 2

一、周度计划与总结
（二）未完成周目标原因分析及改善行动
本周不足之处总结（重来一次该怎么干）：
（三）本周成功经验及失败教训总结：
二、沟通面谈部分（上级反馈）

本周工作亮点：	改善方向：

（4）如何将周报管理与积分激励结合（How）

周报是过程积分考核的重要部分。周报中可以对具体工作任务赋予一定的分数，管理者可以针对阶段目标和行动的完成情况进行红黄绿灯积分评价，从而得到每个行动计划的实际分值，累加即为当周周报的总分值。也可以按照百分制评价汇总得分，最后评定 S、A、B、C、D、E 等级，对每一个等级制定积分标准，这样就可以将周报分数纳入过程积分。

管理者还需要向员工进行反馈，对员工的工作亮点进行提炼和表扬，对员工的不足及时指正，表达关注，希望其改进。必要时，采用抓两头带中间的策略，针对优秀员工和表现较差的员工进行面谈或者在周度会议上进行表扬和批评。

3. 月报——制定策略和计划，突破目标

哈佛大学曾有一个著名的关于目标对人生的影响的调查。调查结果显示，3% 的人有着清晰的长期目标，他们朝着目标不懈努力，最终成为社会各界的顶尖人士；10% 的人有着清晰的短期目标，他们大多处在社会的中层，不断达成短期目标，生活状态稳步上升；27% 的人没有目标，他们大多生活在社会的最底层，生活过得不如意，常常失业，靠社会救济，并常常抱怨他人和社会；60% 的人目标不清晰，他们大多生活在社会的中下层，能够安稳地生活与工作，但似乎都没什么特别的成就。

有目标的人与没有目标的人一定是不同的状态：有目标的人永远处于奔跑状态，没目标的人总处于流浪状态；有目标的人总是睡不着，没目标的人天天睡不醒；有目标的人总是在全力以赴，没目标的人总是在全力应付；有目标的人从不找退路，没目标的人总在找理由；有目标的

人在心中永存感恩，没有目标的人天天在抱怨；有目标的人内心很安宁，没目标的人内心总是茫然。在大海航行没有指南针怎能到达终点？目标对人生有着巨大的导向性作用，选择什么样的目标，就会有什么样的成就，好的结果是设计出来的。

笔者根据多年的企业实践和管理咨询经验，总结出落实月报的"12345 法则"，帮助管理者对员工月报进行管理。

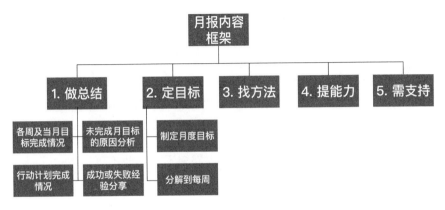

▲ 图 3-8　月报的"12345 法则"

企业月报使用的频率较高，下面详细介绍月报的内容框架。

（1）做总结

各周及当月目标完成情况：对每周的目标完成情况和当月总的目标完成情况进行总结，有数据的列出相关数据，没有数据的可以列出关键步骤。有的员工会说，这样会不会累赘，总结月度目标不就可以了吗，为什么还要总结周度目标的完成情况？我们知道，有可能某一周的目标没有完成，月度总体目标完成了，通过数据分析可能会发现实现目标过程中的措施哪些是有用的，哪些是没有用的，找到经验，加以总结和提炼，形成经验沉淀。

行动计划完成情况：针对月度目标制订的行动计划，哪些完成了，哪些没有完成，或者在中途调整了哪些计划，现在完成得如何。这个总结不是按照自己的想法表述自己这个月做了什么，没做什么，而是针对目标和当初的计划。这个总结的目的就是分析月初制定的为了达成目标所采用的策略和行动是否可行，下个月是否要优化调整或者要加码执行。

未完成月目标的原因分析、成功或失败经验分享跟周报类似，在前文已经阐述，这里不再详细描述。

（2）定目标

制定月度目标：目标不是想法或是梦想，梦想可以形象化概括和描述，目标必须具体化和可衡量。具体来说，制定月度目标要符合 SMART-BCC 的原则，SMART 大家都熟悉，在此不再描述，下面我们看看 BCC 原则。

首先，B（Benchmarking）：标杆对照。标杆对照的意思是制定目标的时候要参考外部竞争对手或内部优秀员工的数据。如果外部竞争对手在某一个关键指标的目标值上远远超过我们，我们制定目标时就不能故步自封，如果赶不上或者超不过竞争对手，我们失去的就是客户订单，那员工定的目标还有何意义？

另外，管理者可以为员工树立一个内部标杆，在定目标时，员工可以把这个"标杆"作为最高目标。榜样的力量是无穷的，只有这样员工才能超越自己，工作才会有创新和颠覆。目标是用来突破、超越的，只有在制定目标、超越目标的过程中，才能实现自我的超越。

其次，C（Challenging）：挑战性。挑战性是指目标的制定要跳一跳才能够得着，不能伸手就能够着了。目标的制定要让员工有安全感，但不能有安逸感。目标的制定肯定是要在历史数据的基础上加码的。例如，企业的品质合格率、客诉率这些关键指标，一定要体现组织进步的声音，绝不能停滞不前。企业不进步，竞争对手在进步，对企业来说就是退步。

再次，C（Customer Oriented）：客户导向。客户导向是指目标的制定要考虑客户的需求，站在客户的角度思考自己应该达成什么样的要求。

曾经有个客户咨询的事业部总经理跟我们抱怨："采购部的考核结果每个月都挺好，绩效奖金没少发，但生产总是停工、换线待料，对生产效率的影响巨大。我追问采购部考核什么指标时，他反馈采购部的考核主要指标有成本降低率、采购物料及时入库率、采购合格率。我当时就对他提出问题，采购部的指标没有站在客户角度提取，由于物料问题造成的停工、换线工时浪费没有纳入考核指标。及时入库哪怕是99%，但是内部客户都不满意了，那这些指标又有何意义呢？"

所以在制定目标时，要考虑客户的需求和感受。不仅是外部客户的要求，内部客户的合理需求也要重点考虑，不能站在自己的立场沾沾自喜，自己说自己好没用，客户说好才是真的好！

管理者在收到员工的月报时，要仔细查检查员工的目标是否符合SMART-BCC原则，如果不符合，可以跟员工就目标进行详细沟通，以达成一致。

分解到每周：员工不仅要定目标，而且需要将目标分解到每周，形成阶段性目标。进行这个步骤的目的是让员工把握实现目标的节奏，对目标的可行性做再次评估和确认。

1952 年 7 月 4 日清晨，美国加利福尼亚海岸笼罩在浓雾中。在海岸以西 33.6 千米的卡塔林纳岛上，一位 34 岁的妇女跃入太平洋海水中，开始向加州海岸游去。要是成功的话，她就是第一个游过这个海峡的妇女。这名妇女叫弗罗伦丝·查德威克。在此之前，她是游过英吉利海峡的第一个妇女。在向加州海岸游去的过程中，海水冻得她全身发麻；雾很大，她连护送她的船几乎都看不到。时间一个小时一个小时地过去，千千万万人在电视上看着。有几次，鲨鱼靠近了她，幸而被人开枪吓跑了。她仍然在游着。

15 个小时之后，她又累又冷，知道自己不能再游了，于是就叫人拉她上船。她的母亲和教授在另一条船上。他们都告诉她离海岸很近了，叫她不要放弃。但她朝加州海岸望去，除了浓雾什么也看不到。她不假思索地对记者说："说实在的，我不是为自己找借口。如果当时我能看见陆地，也许我能坚持下来。"但是，人们拉她上船的地点，离加州海岸不足 1 千米！只是这一次她没坚持到底。两个月之后，在一个晴朗的日子，她成功地游过了同一个海峡。

通过上面的故事，我们悟出了什么道理呢？把目标分解，从年到月，从月到周，从周到天，目标合理分解后，员工才不会迷茫，也不会当一天和尚撞一天钟，这样可以让员工看到希望，看到前进的动力，实现目标的概率就会更大！

（3）找方法

不要想达成目标的困难，不然热情还没点燃就先被恐惧给打消念头了。员工对于目标都是恐惧的，如何消除恐惧呢？就是有实现目标的路径和方法。所以在制定月度工作目标后，就如何实现目标，员工要进行梳理，必须找到目标达成的策略、方法、路径。目标没有方法支撑等于没有目标。

作为管理者，需要帮助员工找到每个月的打法，毕竟管理者看问题更有高度，工作经验比员工要丰富，可以帮助员工共同梳理打法。管理者也需要注意辅导员工的方式方法，大家要知道，员工对于自己想到和承诺的事，执行力度都会更高，对于领导强压安排的工作，很多员工从心里会抵触，执行力度就会减弱。在这个沟通过程中，管理者可以采用引导式沟通方式，不是为员工找答案，而是引导员工自己想出、说出答案。笔者建议管理者在引导技术和教练技巧方面应该加以修炼。

（4）提能力

这方面往往是很多企业忽略的地方，外部环境在变化，客户要求在变化，知识结构也在变化，企业员工必须保持学习的劲头，这样才不会落后。员工结合自身的工作任务及上一周期目标的完成情况，分析自己需要在哪些方面提升，从而给自己提出学习提升计划。管理者也要引导员工，让员工有"自知之明"，不进则退是亘古不变的定律。

（5）需支持

员工根据制定的目标和行动计划，提出需要部门管理者给予的支持和帮助，这里包括需要的培训、流程的优化、其他部门员工的配合等。因为很多资源只有管理者才可以调配，所以在这里提出来，以便管理者第一时间帮助员工扫除实现目标过程的各种障碍。

以上就是月报管理的"12345法则"，只有伟大的目标才能产生伟大的动力，管理者可以通过以上方法落实团队的月报，让工作更富有成效，帮助员工超越目标，实现自我突破。与日报、周报一样，管理者在落实员工月报过程中，运用积分对月度工作任务进行红黄绿灯评价，按照汇总分数或者确定等级（S、A、B、C、D、E）确定积分。

四、员工基础职责要求如何与积分挂钩

1. 基础职责管控

根据员工岗位职责描述，将没纳入绩效考核但对绩效考核结果又有一定影响的职责列为积分管控项目，按红黄绿灯模型进行积分评价（参考上文介绍的主基二元法考核模式）。例如，财务部员工对于基础的数据报表需要及时、准确地提交给管理者，管理者才可以完成公司级财务报表的输出。这项工作太基础，没有放入绩效考核指标体系中加以管控，因此员工往往不重视，但是对于部门数据的汇总提交又非常重要，那就可以将这项工作纳入积分管控。对数据报表的及时性和准确性进行积分评价，从而让员工更加重视这项工作。

2. 过程纠错管控

将工作中经常出错、出现问题频率比较高的事项列为积分项目进行管控，按红黄绿灯模型进行积分评价。例如，很多公司有 ERP 系统（企业资源计划），系数数据准确性非常重要，BOM（物料清单）操作岗位录入信息错误将对后续工作造成很大影响，这个项目就可以纳入积分管控范围，每发生一次错误扣多少分，没有错误奖多少分，用积分引导该岗位员工保证重要数据的准确性。

五、 基层员工学习成长如何与积分挂钩

管理者要根据员工的绩效结果和过程发现员工的能力短板，帮助员

工制订相应的能力提升计划，并赋予相应的分值，根据员工学习应用情况进行红黄绿灯评价。大家可以参考后面积分软件介绍章节的相关内容。

第三节　管理层 C 分——绩效分如何设计

一、想做的事情很多，可用的人才很少，怎么办

从管理的角度来说，"高层管理者，做正确的事；中层管理者，正确地做事；执行层人员，把事做正确"。中层管理者作为企业的枢纽，不仅承担着实现绩效与执行决策的重任，还要做好基层管理者和高层之间的沟通工作，既要承上启下，又要独当一面。很多企业管理者和专家学者把企业的高层领导比喻为"头部力量"，把基层团队比喻为企业的"腿部力量"，而把中层干部比喻为企业的"腰部力量"。

有调查表明，企业能否保持良好持续的发展，关键的因素并不在于"头部力量"和"腿部力量"，而是取决于"腰部力量"。一般公司高层领导的能力还是不错的，能够理解老板的战略意图，并转换成相应的行动。但往往问题就出现在"腰部"，中层既是公司管理的中坚力量，也是普通员工的直接管理者，既有决策者的职责，也负有执行层的任务，他们的思想意识、能力水平、责任心等因素，往往决定了一个部门或一家公司是否能够持续发展。

然而，许多组织都存在"腰部力量薄弱"的现象。一家企业如果"腰"不好，"头"和"腿"再好，那也"站不了"，就更别说"跑得快"了。然而，当下许多圈内人士把企业的"腰部力量薄弱"的现象称为"腰虚"。很多企业尝试用各种方法来提升中层干部的能力和开阔其视野。下面我

们来看看阿里巴巴是如何培养管理干部的。

阿里巴巴认为，一个管理者需要具备的三项最核心的能力是"眼界""胸怀""心力"。如何具备这三项能力？这就是传说中阿里巴巴的管理三板斧——"揪头发""照镜子"和"闻味道"。

通过"揪头发"来锻炼一个管理者的"眼界"。"揪头发"就是把自己往上揪，培养全局思考和向上思考的能力，避免部门墙，从公司全局和更长远的发展高度考虑组织中发生的问题。

通过"照镜子"来修炼一个管理者的"胸怀"。这里的胸怀并非"大肚能容天下事"，而是指管理者需要通过"上通下达"推动企业与组织的发展，以自己为镜，做别人的镜子，以别人为镜子，完善自我。马云这么看"胸怀"："今天你看老陆比我强，陆兆禧能力真比我强，他的决断能力比我强多了。比陆兆禧能力强的人有没有，一定有，但是他有一项比人家强，什么样的人都能包容。"

通过"闻味道"来修行一个人的"心力"。任何一个团队的氛围，其实都是管理者的"味道"的一种体现与放大。一个管理者的"味道"，就是一个团队的空气，无形无影，但无时无刻不影响着每一个人思考和做事的方式，尤其影响团队内部的协作以及跨团队之间的协作。这种心力其实也是干部扛挫折的实力，马云认为，"领导者是一定要犯过错误的，三七开，有30%失败、有70%成功的人"。

二、中层干部如何通过积分管理建立起工作要求

结合以上描述，综合我们的管理咨询经验，针对中层管理人员，我们从以下四个维度的工作要求建立对应的积分标准。

▲ 图 3-9　针对中层的工作要求

1. 定目标、拿结果

管理层要清晰自己所带领的组织应该为企业创造什么样的价值贡献，在企业战略和经营目标分解的基础上，结合所管理部门的职责，制定清晰的目标，并带领团队克服困难，努力达成目标结果。

2. 追过程

推动管理者关注过程，紧抓实现目标的关键路径和任务，确保努力方向一致，为实现目标奠定坚实的基础。

3. 抓管理

管理者不是个人贡献者，而要带领团队实现目标，作为一个部门的管理者，不仅要精通业务，更要会管理、懂领导，要能带出一支能打仗、打胜仗的优秀团队。所以管理者要完成身份的转换，抽出更多的时间做管理。

4. 提能力

现在企业的发展不能仅依靠董事长，虽然董事长有高瞻远瞩的愿景和战略，但企业的发展速度取决于整个管理团队。一支优秀的管理团队需要具备格局和高度，理解、认同董事长的战略思想，了解企业运营本质和企业运营价值链的各个关键环节，不仅需要不断精进自身专业，而且需要掌握团队建设与管理的方法和工具，激发整个团队潜力，发挥员工的真正价值。如果各个领域的管理团队都能如此，企业将焕发无穷生机和活力。

三、聚焦定目标、拿结果——中层干部的考核结果如何与积分挂钩

中层干部绩效考核结果与积分的挂钩方式，与员工绩效考核与积分挂钩的方式相同，一种方式是与整体考核结果挂钩，根据等级设定积分标准，另外一种方式是根据单个指标完成的目标区间设定不同的积分标准，不同的企业可以参考不同模式加以运用。具体可以参考上文中员工考核结果与积分挂钩的方式。

四、追过程——中层干部过程管理如何与积分挂钩

1. 为什么要对中层管理人员实施过程管理？

伟大的目标都是从简单的行动开始的，常规的方法只能带来常规的绩效，创新的方法才能带来突破性增长。在企业实践过程中，中层起到承上启下的作用，公司将战略目标分解到中层干部，中层干部是实现分

解目标的关键环节。有了清晰的目标远远不够，更重要的是清楚实现目标的措施和方法。所以加强中层的过程管理，主要是推动中层干部想清楚如何达成目标。

在推动中层干部制定完成目标的策略和行动时，要打破企业内部传统的思维模式，主要从以下三个方面进行转变。

（1）从负向思维转向正向思维，从"不可能"到"找方法"

我们去过很多企业，墙上都贴着类似"请带着方案来沟通"的字样，企业希望员工能想清楚问题，而不是仅提出问题，更要对如何解决问题做出自己的思考。针对企业的中层干部，不能是"不可能，没办法，做不到"，凡事都要有两种以上的解决方案，所以企业的发展更需要干部说"方案一，方案二，我认为"，听取完上级的意见后，完善方案，快速行动。

（2）从外向思维到内向思维

我们在管理过程中发现一个现象：工作积极、主动找方法的员工能力提升很快，凡事都在等待上级安排的员工成长很慢，即解决问题难度越高，能力成长速度越快。所以企业需要推动中层干部主动思考问题和解决问题，这样中层干部的能力才能越来越强，才能匹配企业未来的发展要求。

（3）控制过程，缔造成果

任何伟大的目标都是通过行动实现的！管理干部需要针对具体的目标，组织员工对现状和存在的问题进行分析，找出关键原因，并制定策略、措施，细化具体的行动计划，这样对目标完成才会做到心中有数。

在实践中，企业可以要求每个管理干部制订季度、月度关键行动计划，上级领导根据其提交的关键行动计划可以看出下属对目标的实现过程是否做到三个到位：问题分析是否到位，关键措施是否到位，标准检验是否到位。只有做到这三个到位，目标才能真正落地，目标实现的可能性才会更大！

2. 中层过程管理如何与积分挂钩？

在实际操作中，企业一般要求中层干部提交日报、周报、月报，具体的方法在员工工作过程管理中已经详细描述，这里不再赘述。管理者日报、周报、月报的主要区别在于，管理者在各项报告中要把员工培养与发展、制度流程优化改进等组织建设工作纳入报告范围，进行总结和汇报。

五、抓管理——中层干部的通用型管理要求如何与积分挂钩

笔者曾经在一家上市公司做积分管理项目，对于中层干部，经过我们的调研和高层访谈，通过总结和提炼，我们从以下四个方面分别制定了相应的积分项目和标准，把公司上百个中层干部统一管理起来。我们后期在其他公司也进行了实践，反馈效果良好，笔者将这个框架分享给大家，希望能打开大家的思路，可以结合企业的情况加以优化、调整，能够对激发、管理中层干部起到相应的作用。

▲ 图 3–10　对中层干部管理要求的积分设计

1. 管理结果

管理结果是将中层干部的绩效考核结果或者企业非常关注的个别目标完成结果等企业对管理者在贡献结果方面的要求纳入积分管控范围。

2. 管理过程

管理过程是将公司月例会督办工作、各项报告、专项工作等对中层干部的绩效目标实现有关键影响的事项纳入积分管控范围。

3. 管理团队

管理团队是将员工流失、团队培养等企业对管理者在团队管理方面的贡献要求纳入积分管控范围。

4. 管理组织

管理组织是将包括制度流程优化等企业对管理者在组织建设方面的要求纳入积分管控范围。

六、提能力——中层干部的能力提升如何与积分挂钩

有太多公司管理团队的能力需要提升，特别是中小民营企业的管理团队，很多是跟随公司发展而成长起来的，没有经历过其他规范企业的磨炼，专业和团队管理能力都是自己在工作中摸索出来的，缺少成熟的、规范的职业化及专业化训练，能力亟须提升。

我们曾经在一家上市公司做积分管理咨询项目，发现这家上市公司连管理团队的基本培训课程规划都没有，更谈不上能力发展体系了。针对这个情况，我们当时要求管理者能力提升从最基本的环节开始，每月读一本书，由上级指定与工作相关的书籍，根据完成情况制定相应的积分标准，如下表所示。

表 3-8　管理能力提升的红黄绿灯积分模型

积分项目	子积分项目	备注说明	红区	黄区	绿区
能力提升	每月一本书	1. 与工作职责相关的书籍，并得到直接上级认同； 2. 分享 PPT 资料，提交企管部； 3. 分享图片发送至公司中层干部微信群。	未提供PPT资料分享，扣100分	提供PPT资料，奖30分	部门周或月度例会分享，每次加50分（时间为30～60分钟）

如果公司有培训规划或者有较为成熟的能力发展体系，可以根据每年管理团队需要学习的课程内容及评估方式进行积分转换。根据每门课程或能力项目，通过评估后给予一定的积分，未通过评估扣分，表现突出奖分。

第四章

部门管控分（K分）方案设计

第一节　部门积分 K1 分方案设计

一、为什么要设计部门积分 K1 分

A、B、D、E 分都是公司统一评分标准，对所有人都是一样的标准，C 分是针对不同岗位设置的绩效分积分标准，但是每个部门的工作性质不同，管理方式不同，不同管理者的管理风格也会不同。在部门积分模块设置上，管理者可以根据自身管理需要，针对不同的部门设置不同的积分项目，灵活管理，有利于制度有效落地和激发员工，为达成部门业绩目标助力。

二、部门积分 K1 分可以用于哪些方面

第一，部门统一的制度、规范和要求。部门管理者针对部门所有员工制定统一的制度、规范和要求，这是为了更好地实现部门内部管理，使员工行为朝着管理者期待的方向发展，对员工行为进行牵引和约束。这块类似于 A 分模块，不同点在于一个是针对公司，一个是针对部门。

第二，实际业务管理。根据工作性质，对员工的工作任务进行积分管理，如设备维修部门的员工，根据维修任务的难度、设备的类型不同，可以设置不同的积分标准，员工可以进行抢单完成设备维修任务，再根据维修时间、质量进行评价，最后得出此项维修任务的实际积分。积分额度多少就能反映员工的工作数量和工作质量，可以作为工资调整、奖金发放的依据。

第三，任职资格等级晋升。根据员工职业发展通道，将任职资格标准拆细，变成积分项目，将以前统一一次性评价拆分到日常工作中，完成一项内容即可提交举证材料，完成评价获得积分，积分达到规定要求后，即可获得任职资格晋升。

三、部门积分 K1 分管理案例

1. 某企业生产部门积分管理案例

表 4-1　某企业生产部门积分表

积分项目	细项	基础分值	扣分	加分	奖分
考勤	低于 20 天出勤	5 分	3 分 / 次	/	/
	全勤	5 分	/	/	5 分

表 4-1　续表 1

积分项目	细项	基础分值	扣分	加分	奖分
考勤	加班	1 分	/	/	1 分 / 小时
违规违纪	违规行走、停车	5 分	5 分 / 次	/	/
	违规操作	5 分	5 分 / 次	/	/
	不穿工作服	5 分	5 分 / 次	/	/
	串岗	5 分	5 分 / 次	/	/
	脱岗	5 分	5 分 / 次	/	/
	睡觉	5 分	5 分 / 次	/	/
	玩手机	5 分	5 分 / 次	/	/
	酒后上岗	5 分	5 分 / 次	/	/
	吸烟	5 分	5 分 / 次	/	/
	聚众聊天	5 分	5 分 / 次	/	/
	在车间吃零食	5 分	5 分 / 次	/	/
	随地吐痰	5 分	5 分 / 次	/	/
参加活动	公司级活动	/	/	参加加 2 分	获得名次奖 10 分
	市级技能比赛	/	/	参加加 20 分	获得名次奖 50 分

表 4-1 续表 2

积分项目	细项	基础分值	扣分	加分	奖分
参加活动	省级技能比赛	/	/	参加30分	获得名次奖100分
	国家级技能比赛	/	/	参加50分	获得名次奖200分
隐患上报	一般安全隐患	/	/	/	5分
	重大安全隐患	/	/	/	10分
	设备隐患	/	/	/	5分
冠军奖励	产量冠军拉线	/	/	/	5分/人
	质量冠军拉线	/	/	/	5分/人
员工培养与保留	员工保留	/	/	流失率控制在5%以内,班组加2分/人	半年内无主动辞职,班组奖5分/人
	员工培养	/	/	每培养1名骨干操作技师加5分	每培养1名骨干操作高级技师奖10分

表 4-1　续表 3

积分项目	细项	基础分值	扣分	加分	奖分
5S	5S 排名	2 分	排名最后的班组扣 2 分 / 人	/	排名第一的班组奖 2 分 / 人
工作记录	不按规定填写值班记录、工作日志、设备维修记录	2 分 / 次	2 分 / 次	按要求填写 1 分 / 次	/

2. 企业研发员工绩效采用积分模式案例

某企业为引导研发人员关注工作本身带来的成就感并达到及时激励的目的，同时为了切实建设公平、分享、提升、创新的企业氛围，创造卓越价值贡献，提升研发人员的工作主动性和积极性，提升企业文化契合度，强化执行力和工作过程管控，基于对研发人员关键成功因素的分析，制定了研发人员积分标准，为研发人员薪酬福利、员工晋升提供重要的参考依据。研发人员积分是员工在职期间累计贡献值的量化体现，实行逐月累加，具体积分标准如下表所示。

表 4-2　某企业研发人员积分标准设计

积分项目	说明	计算方法
项目任务积分	根据项目进度以及节点工作完成质量进行加分	根据节点工作对应分值累计即可，由研发助理记录

表4-2 续表

积分项目	说明	计算方法
工作亮点积分	对工作创新、专利成果、内部荣誉等进行鼓励加分	详见下文
部门会议、培训积分	按时参加部门组织的各项会议和培训	准时参加加分,未准时参加或未参加扣分

部门会议、培训项目积分很好理解,在这里不再赘述,下面详细对项目任务积分和工作亮点积分进行阐述。

(1)项目任务积分

项目任务积分是对研发工作流程中在里程碑式节点中的工作任务分析其价值,并对团队在该里程碑节点所产生的价值进行赋值,赋值表如下。

表4-3 项目任务积分赋值表

研发阶段\角色	需求/概念设计		方案		设计		验证	
	任务内容	分值	任务内容	分值	任务内容	分值	任务内容	分值
系统工程师	产品包需求	20	总体方案设计	20	/	/	/	/
	产品概念方案	20	/	/	/	/	/	/
硬件工程师	/	/	硬件概要设计	20	硬件详细设计	20	/	/

表 4-3　续表

研发阶段 \ 角色	需求 / 概念设计		方案		设计		验证	
	任务内容	分值	任务内容	分值	任务内容	分值	任务内容	分值
硬件工程师	/	/	硬件仿真设计	20	硬件单元测试	15	/	/
软件工程师	/	/	软件概要设计	20	软件详细设计	20	/	/
	/	/	建模和算法分析	20	软件单元测试	15	/	/
结构工程师	/	/	结构概要设计	20	结构详细设计	20	/	/
	/	/	热仿真设计	/	结构试装	15	/	/
测试工程师	可测试性需求	15	产品测试方案	20	产品集成测试	20	产品系统验证	20

如果某项任务是一人完成的，则任务积分为该员工的个人积分，如果任务是多人完成，由项目经理确定积分分配。完成每一个节点任务后，由项目经理、产品经理或者部门管理者（根据公司的实际管理流程确定）对此节点任务进行评估打分，具体包括是否按照项目进度完成、任务完成的质量两个维度。最后，该任务的实际积分 = 任务分配积分 × 完成进度系数 × 任务进度权重 + 任务分配积分 × 完成质量系数 × 任务质量

权重。完成进度系数和完成质量系数根据任务分为不同等级，每个等级配置对应系数即可。任务进度权重和任务质量权重一般情况下按各自的50%设置，也可以由项目管理者根据实际情况设置。

由于每个项目之间难度不同、收益不同，具体到每个项目的任务分值可以灵活调整，以真正体现研发人员的工作价值。调整系数可以统一规定，也可以由项目管理者根据项目的差异性进行调整，主要考虑技术成熟度和公司的技术积累、产品是老产品改进还是新产品开发等。

如果是根据项目类别确定整体项目系数，应在新产品项目立项时，由研发部门对项目进行评估评分，报公司批准备案后确定项目类别。

项目类别与调整系数的对应关系如下表所示。

表4-4 项目类别与调整系数的对应关系

项目类别	特类	A类	B类	C类	D类
评估分数	98分以上	90～98分	70～89分	50～69分	50分以下
调整系数	2	1.8	1.5	1.2	1

注：特类指全新开发产品，开发风险大，开发周期长，预期发展方向、销量、效益等有很大发展空间的项目。

项目类别计分评定采用累加计分制，可从以下四个方面对项目进行计分评估后累加，根据累加分数确定项目类别。

- 项目的技术含量及技术指标的先进性（25分）；
- 项目开发工作量和自主开发难度（30分）；
- 项目对公司品牌形象提升及对科技进步推动的效果（15分）；
- 项目潜在经济效益、市场竞争力及其他相关因素（30分）。

项目类别评分标准具体参考如下。

表 4-5　项目类别评分标准

	要素	评价	评估分值
A (25分)	技术含量 (10分)	技术含量高，或有重大的技术创新	8～10分
		技术含量较高，或有较重大的技术创新	5～8分
		一般	5分以下
	技术指标 先进性 (15分)	国际领先	15分
		国内领先或同行领先	14分
		省内领先	13分
		国内先进或同行先进	11～12分
		省内先进	9～10分
		填补公司空白	7～8分
		较先进	5～6分
		一般	5分以下
B (30分)	工作量 (20分)	工作量大，投入人员多，开发进度要求紧	16～20分
		工作量较大，投入人员较多，开发进度 要求较紧	12～16分
		一般	12分以下
	自主开发 难度 (10分)	自主开发难度较大	8～10分
		自主开发难度大	5～8分
		一般	5分以下

表4-5　续表

	要素	评价	评估分值
C （15分）	对科技进步 的贡献 （7分）	大幅提升公司开发水平与能力	6～7分
		有效提升公司开发水平与能力	4～6分
		一般	4分以下
	对品牌形象 提升的效果 （8分）	显著提高品牌知名度和质量形象等	7～8分
		有利于提高品牌知名度和质量形象等	5～7分
		一般	5分以下
D （30分）	潜在 经济效益 （15分）	预期销量、收入及利润高	12～15分
		预期销量、收入及利润较高	8～12分
		一般	8分以下
	市场竞争力 （10分）	市场竞争力强，有效提高市场占有率等	8～10分
		市场竞争力较强，有利于提高市场占有率等	5～8分
		一般	5分以下
	其他 积极因素 （5分）	项目对成本与环境因素的考虑、发展前景等	5分 及以下

根据上表，如果项目评估得分为 90 分，即为 A 类项目，积分调整系数为 1.8，如果一位硬件工程师完成了"硬件概要设计"任务，原始分值为 20 分，现根据项目等级予以调整，其实际得分为 20 × 1.8=36 分。项目任务积分考察研发人员的工作量和工作质量，同时考虑研发人员同时开展几个项目的情况下所产生的价值，其中调整系数需要在试运行期间按照实际情况以及专家对不同项目的评估予以调整。

这种项目任务积分考核方式，打破了对研发人员的传统考核模式，原来对研发人员的考核往往没有考虑研发人员的工作任务量和任务难度，导致研发人员做多做少差不多，做快做慢差不多，研发人员不愿意更快速地完成项目任务，去投入其他项目任务的开发中，很多企业研发人员越来越多，效率也不高。这种项目任务积分的方式可以衡量研发人员的工作量、工作难度、工作品质等综合价值，更好地激发研发人员的工作积极性和主动性。

（2）工作亮点积分

工作亮点积分是指研发人员在研发工作过程中的创新，如因获得专利、对工作方法改进提出的合理化建议、获得奖项、技术开发经验积累与传承、行业刊物发表专业文章（经公司审核）、团建中表现优异、培训中表现优异等所获得的积分。

表 4-6　工作亮点积分表

序号	积分项目	积分细项	积分标准
1	获得各种奖励	国家级奖励	获得一等奖加 30 分／项 获得二等奖加 20 分／项 获得三等奖加 10 分／项

表4-6　续表1

序号	积分项目	积分细项	积分标准
1	获得各种奖励	省部级奖励	获得一等奖加20分/项 获得二等奖加15分/项 获得三等奖加8分/项
		市优秀专利奖	加10分/次
		外部其他奖项	加5分/次
		公司内部研发奖励	获得公司科技创新奖加10分/项 获得公司先进科技进步奖加5分/项
2	技术开发经验积累与传承	国家级刊物发表专业文章	加10分/篇
		地方级刊物发表专业文章	加5分/篇
		将开发经验上传公司知识库	加5分/篇
3	优秀员工	先锋人物奖	加10分/次
		优秀员工奖	加5分/次
4	获得专利或软件著作权且为第一发明人/申请人	发明专利	加10分/个
		实用新型专利	加10分/个
		软件著作权	加5分/个
		外观专利	加3分/个
		获得PCT发明专利	加12分/个

表4-6 续表2

序号	积分项目	积分细项	积分标准
5	参加外部组织宣传公司	被相关协会、组织邀请参加活动宣传公司	加5分/次
		被聘为相关协会、组织成员	加5分/次

3. 某企业研发员工任职资格积分评价案例

某企业对研发人员的任职资格晋升评价采用积分制，针对员工的过程关键任务及行为、成果贡献制定评价标准，员工按照标准提交相关证据材料，由评委进行评价，评价通过后，该员工获得相应级别的任职资格等级。

（1）研发人员关键任务及行为积分标准

表4-7 研发人员关键任务及行为要求

行为模块	序号	行为标准细项	任职资格级别					备注
			1级	2级	3级	4级	5级	
硬件	1.1	项目管理	0	0	10	20	30	
	1.2	硬件需求分析	5	10	20	20	20	
	1.3	硬件框架设计	5	10	10	10	20	
	1.4	硬件系统/子系统设计	10	15	20	20	10	
	1.5	PCB 设计	10	15	15	0	0	
	1.6	PCBA 测试	15	5	0	0	0	

表4-7 续表1

行为模块	序号	行为标准细项	任职资格级别					备注
			1级	2级	3级	4级	5级	
硬件	1.7	集成功能测试	10	10	10	10	10	
	1.8	MCU软件开发	10	10	10	20	10	
	1.9	PCBA装配设计	20	15	0	0	0	
	1.10	可靠性测试	15	10	5	0	0	
		合计（分）	100	100	100	100	100	
软件	2.1	项目管理	0	0	10	20	30	
	2.2	软件需求分析	5	10	15	20	20	
	2.3	软件架构设计	0	10	15	20	10	
	2.4	软件系统设计与分析	5	10	10	10	10	
	2.5	数据库设计	0	10	10	15	15	
	2.6	软件测试	40	10	10	0	0	
	2.7	软件质量控制	5	10	10	15	15	
	2.8	代码编写	40	30	10	0	0	
	2.9	软件配置管理	5	10	10	0	0	
		合计（分）	100	100	100	100	100	
结构	3.1	项目管理	0	0	10	20	30	

表4-7 续表2

行为模块	序号	行为标准细项	任职资格级别					备注
			1级	2级	3级	4级	5级	
结构	3.2	结构整体方案设计	10	20	20	30	30	
	3.3	部件设计与出图	30	30	20	10	0	
	3.4	核算成本	10	10	10	10	0	
	3.5	可靠性测试	10	10	10	10	10	
	3.6	装配工艺设计	10	5	5	0	0	
	3.7	来料检验以及试生产指导	10	5	5	0	0	
	3.8	产品认证	10	10	10	10	15	
	3.9	供应商认证和指导	10	10	10	10	15	
		合计（分）	100	100	100	100	100	

员工只要有符合要求的举证材料，就可以申请评价某项关键任务及行为，评委结合员工提交的材料按照以下标准进行评价。

表4-8 研发人员关键任务及行为积分标准

总体评价	评判标准	积分标准
超标（卓越）	行为项目都能够提供要求数量的合格材料，即被评价的行为项目一贯做得不错；工作任务都能够按时甚至提前完成，输出超出质量要求，已经形成了职业化的做事习惯，是公司的标杆。	50分

表4-8 续表

总体评价	评判标准	积分标准
全部达标 （优秀）	行为项目都能够提供要求数量的合格材料，即被评价的行为项目一贯做得不错； 证明行为项目的材料具有亮点（创新方法、创造特殊价值、获奖等）； 日常工作无明显的失误，绝大部分情况下能够按时保质完成。	40分
基本达标 （合格）	此项行为平时基本都做了，未出差错，属于正常情况，但没有突出表现。	30分
少部分达标	此项行为过程规范性、输出质量、完成时间等都存在较多需改进的地方。	20分
基本不达标	此项行为在实际工作中有较大的失误。	10分
完全不达标	完全没有做过，或者没有证据证明行为发生过。	0分

（2）研发人员成果贡献积分标准

表4-9 研发人员成果贡献积分标准

任职资格一级			
贡献单元	贡献标准要素	贡献标准	积分标准
专业成果	工作成果	成功完成1个一类成果或参与1个二类成果。	50分

表4-9　续表1

任职资格一级			
贡献单元	贡献标准要素	贡献标准	积分标准
专业成果	工作成果	前四个季度绩效表现达到5级以上且D级不能超过1次，且近两年年终绩效表现达到3级以上。	A=30分 B=20分 C=10分 D=0分
	问题解决	在模块的设计工作中，及时解决模块开发中的5个一般技术问题。	10分
团队成长	组织建设	参与改进了公司至少1个产品研发相关流程，并提供2个被采纳的意见。	5分
	人才培养	/	/
	知识积累	掌握公司产品研发相关模块的流程制度、了解产品研发相关方面的知识和技能。	5分
任职资格二级			
贡献单元	贡献标准要素	贡献标准	积分标准
专业成果	工作成果	成功完成3个一类成果或2个二类成果。	45分
		前四个季度绩效表现达到5级以上且D级不能超过1次，且近两年年终绩效表现达到3级以上。	A=30分 B=20分 C=10分 D=0分

表 4-9 续表 2

贡献单元	贡献标准要素	贡献标准	积分标准
\multicolumn{4}{c}{任职资格二级}			
专业成果	问题解决	在 3 个一类项目或 1 个二类项目的设计工作中, 及时解决模块开发中的 3 个较复杂技术问题。	5 分
团队成长	组织建设	对公司的工作流程提出合理化建议, 合理化建议的数量大于 5 个。	5 分
	人才培养	指导培养低级别研发人员的技能, 在实践中带领、培养出 1 名以上的符合一级任职资格标准的研发人员。	10 分
	知识积累	开发并主讲过培训课程, 或者在企业内部刊物发表相关专业文章, 总数达到 2 篇以上。	5 分

贡献单元	贡献标准要素	贡献标准	积分标准
\multicolumn{4}{c}{任职资格三级}			
专业成果	工作成果	成功完成 2 个三类成果。	45 分
		前四个季度绩效表现达到 5 级以上且 D 级不能超过 1 次, 且近两年年终绩效表现达到 3 级以上。	A=30 分 B=20 分 C=10 分 D=0 分

表4-9　续表3

任职资格三级			
贡献单元	贡献标准要素	贡献标准	积分标准
专业成果	问题解决	参与2个紧急攻关任务，是攻关任务的核心成员。	5分
团队成长	组织建设	负责编写公司研发方面的2个作业规范，提供5个被采纳的建设性意见。	5分
	人才培养	指导培养低级别研发人员的技能，在实践中带领、培养出2名以上的符合二级任职资格标准的研发人员。	10分
	知识积累	开发并主讲过培训课程，或者在相关专业期刊上发表相关专业文章，总数达到3个以上。	5分
任职资格四级			
贡献单元	贡献标准要素	贡献标准	积分标准
专业成果	工作成果	成功完成1项以上四类成果。	45分
		前四个季度绩效表现达到5级以上且D级不能超过1次，且近两年年终绩效表现达到3级以上。	A=30分 B=20分 C=10分 D=0分

表4-9 续表4

任职资格四级			
贡献单元	贡献标准要素	贡献标准	积分标准
专业成果	问题解决	解决项目进展过程中存在的5个以上的复杂问题。	5分
团队成长	组织建设	参与或推动规范化、结构化研发项目管理流程体系的建设,并提供4个被采纳的建设性意见,实现科研项目的可管理、可控制、可衡量、易沟通、易分工和易评价。	5分
	人才培养	指导培养低级别研发人员的技能,在实践中带领、培养出2名以上的符合三级任职资格标准的研发人员。	10分
	知识积累	开发并主讲过培训课程,或者在相关专业核心期刊上发表相关专业文章,总数达到4篇以上,或撰写发表相关书籍。	5分
任职资格五级			
贡献单元	贡献标准要素	贡献标准	积分标准
专业成果	工作成果	成功完成1项以上五类成果。	45分
		前四个季度绩效表现达到5级以上且D级不能超过1次,且近两年年终绩效表现达到3级以上。	A=30分 B=20分 C=10分 D=0分

表4-9 续表5

任职资格五级			
贡献单元	贡献标准要素	贡献标准	积分标准
专业成果	问题解决	解决本领域3个以上核心或关键性的技术问题，极大推动本领域内相关学科的发展。	5分
团队成长	组织建设	组织并建立国家级（或省级、市级）研究平台或建立博士后工作站，提供3个被采纳的建设性意见。	5分
	人才培养	指导培养低级别研发人员的技能，在实践中带领、培养出3名以上的符合四级任职资格标准的研发人员。	10分
	知识积累	开发并主讲过培训课程，或者在相关专业有影响力的国际期刊上发表相关专业文章，总数达到5篇以上，或者编撰相关书籍；建立与国内外科研机构或公司的合作关系，指派相关研究人员到合作机构中进行技术交流；编撰相关学术书籍。	5分

表 4-10 （技术平台）开发工程师工作成果定义

成果命名		内容定义	典型例子 (公司实际案例)
技术开发任务		1个人可独立承担的，2周内可开发完成的产品改进、产品开发或其他产品开发任务，或者一般现场问题解决和处理。	
模块	一般模块	1个人可独立承担的，1～3个月内可开发完成的模块。	
	复杂模块	3～6个月内可开发完成的模块。	
技术诀窍		参考《技术开发手册》对技术诀窍的定义。	
技术平台		由多个模块或技术诀窍构成，具体定义参考《技术开发手册》。	
技术研究与规划	有效技术分析报告	对公司技术开发或者产品开发具有较大参考作用，分析透彻独到的技术分析报告，包括技术趋势分析报告、竞争对手技术分析报告、技术开发机会点建议报告等。	
	一般技术机会点	由本人从其提交的技术报告或者新的技术分析中提取的转化为技术开发项目的技术机会点，对公司产品局部功能或性能有一定程度的提升。	

表 4-10　续表

成果命名		内容定义	典型例子 （公司实际案例）
技术研究与规划	重大技术机会点	由本人从其提交的技术报告或者新的技术分析中提取的转化为技术开发项目的技术机会点，对公司产品或技术有一定的突破。	
技术攻关	一般技术	在现有情况下，能够对公司产品的局部功能或性能有一定或较大程度的提升，具有一定或较大难度的技术突破。	
	重要技术	在现有情况下，能够对公司产品的重要功能或性能有一定或较大程度的提升，具有一定或较大难度的技术突破。	
	核心技术	在现有情况下，能够对公司产品的主要能力有重大或突破性的提升，具有较大或高难度的技术突破。	

表 4-11 （产品开发）开发工程师工作成果定义

成果命名	内容定义	典型例子（公司实际案例）
一般产品开发项目	1 个人可独立承担的，4 周内可开发完成的产品改进、产品开发或其他产品开发任务，或一般现场问题解决和处理。	
复杂产品开发项目	3 ～ 5 个人可以承担，300 ～ 1000 天可完成的产品改进、产品开发或其他产品开发任务。	
攻关产品开发项目	5 ～ 10 个人可以承担，1000 ～ 3000 天可完成的产品改进、产品开发或其他产品开发任务。	

表 4-12 成果分类表

一类成果	成功完成 1 项技术开发任务
	成功完成一般产品开发项目的开发（产品）
	成功完成 1 项简单模块的开发
二类成果	成功完成 1 项一般模块的开发
	成功完成 1 项复杂产品开发项目的开发（产品）
三类成果	成功完成 1 个复杂技术模块或 1 个技术诀窍的提炼
	提炼过 1 个以上的一般技术机会点
	成功完成 1 项一般技术攻关
	成功完成 1 项攻关产品开发项目的开发（产品）

表 4-12　续表

四类成果	成功主持 1 项重要技术的攻关
	提炼或识别 1 个以上的重大技术机会点
五类成果	成功主持 1 项核心技术的攻关
	成功主持 1 个系统平台的设计

对于问题类别，从问题的相对价值以及问题的复杂性两个角度，根据具体得分来划分，1～3 为一般问题，4～6 为较复杂问题，8～10 为复杂问题，12～20 为核心问题，具体见下表。

表 4-13　问题分类表

相对价值 复杂性	个人： 仅仅影响个人的学习和成长	团队： 影响团队的成长和团队任务的完成或者团队绩效的提升（如一级部门、二级部门）	系统： 影响系统的成长和系统任务的完成或者系统绩效的提升（如人力资源系统、销售系统、财经系统等）	行业： 在系统所在行业有影响（如公司所处的专业照明这个行业）
例行的： 有详细规程或者技术支持，有一份既定的计划，已存在明确的备选方案	1	2	3	4

表 4-13 续表 1

复杂性 ╱ 相对价值	个人：仅仅影响个人的学习和成长	团队：影响团队的成长和团队任务的完成或者团队绩效的提升（如一级部门、二级部门）	系统：影响系统的成长和系统任务的完成或者系统绩效的提升（如人力资源系统、销售系统、财经系统等）	行业：在系统所在行业有影响（如公司所处的专业照明这个行业）
常规的：已有先例，可根据过去的先例来制定解决方案或者有众多备选方案，需要进行评估和选择	2	4	6	8
一般的：需通过分析事实和一般规则来解决，仅凭借笼统政策作为指导原则，需进行判断并运用现有的理念来制定各种解决方案	3	6	9	12

表 4-13　续表 2

复杂性＼相对价值	个人：仅仅影响个人的学习和成长	团队：影响团队的成长和团队任务的完成或者团队绩效的提升（如一级部门、二级部门）	系统：影响系统的成长和系统任务的完成或者系统绩效的提升（如人力资源系统、销售系统、财经系统等）	行业：在系统所在行业有影响（如公司所处的专业照明这个行业）
复杂的：需加以判断来认清并分析问题，通常需根据有限的信息制定解决方案，一般需与同事或上级领导进行咨询，需要其他人的协助方可解决	4	8	12	16
极复杂的：仅能凭借极端少量的信息对问题进行分析，公司以前从未遇到，上级以及同事能提供的支持亦相当有限	5	10	15	20

员工只要有符合要求的举证材料，就可以申请评价某项贡献标准，评委结合员工提交的材料评价是否符合，通过某项贡献标准评价后获得该项的积分，积分达到规定标准，即可晋升到该任职资格级别或者保留原任职资格级别。

第二节　管理者红牌、绿牌任务 K2 分方案设计

一、什么是管理者红牌、绿牌任务

我们曾经的一个客户咨询公司发生过这样的事：

该公司财务部有一位员工上班经常迟到，还常常出现不该出现的错误，提交的报表要么数据不对，需要反复修改，要么没有按照规定的时间提交，做事不认真，总是需要经理在后面跟进度、检查报表质量。开始时财务部经理在私下给这个员工暗示，希望她能够改正，但一直没有什么效果。公司副总看到这个情况后，建议财务部经理找该员工认真谈谈，必要时给该员工一次严厉批评，如果还是不能改善，尽快处理，以免后续出现诸多麻烦。财务部经理按副总的建议找该员工谈话，但谈话中，财务部经理绕来绕去，就是不好意思说出批评的话，因为他不愿意"得罪人"，最后此次谈话还是不了了之。

久而久之，部门其他员工对这个员工做的事情也习以为常、视而不见了。但她需要完成的工作还得有人做，财务部经理嫌她做得不好就自己动手，做了越来越多本来该是这个员工做的事情。后来，财务部经理实在受不了了，要求公司增加人手。

这个财务部经理的问题出在哪里？是他放弃自己的管理原则，怕得罪他人，又怕伤了和气，违心说话、违规办事、感情用事、看人办事，该批评的不批评，该制止的不制止，该表态时不表态，热衷做"你好我好大家好"的和事佬，结果是害了自己，也害了企业。他的"老好人心态"让他无法做到一个部门经理应该做和必须做的事情，那就是即使有得罪人的可能，也要当面指出员工的错误和不合理的行为，要根据情况严重程度，对员工该批评时一定要批评，在对方仍不改变的情况下，甚至要做出辞退的决定。很多企业的中高层干部，就连辞退都不敢自己跟员工谈，把"锅"甩给人力资源部，这是不正常的，也是错误的！

"老好人心态"是不负责任的心态！首先，"老好人"对公司不负责任。容忍一个经常违反公司制度和工作不达标的员工会极大地损害公司利益，这不仅是因为有人拿了工资不做事，更是因为这样的人会破坏整个公司的工作氛围和文化。

其次，"老好人心态"对自己百害而无一利。"老好人心态"虽然制造了表面的和谐，实质上却无法掩盖部门工作质量和效率不高、员工没有进步的事实，不仅让自己过得很辛苦，也得不到公司的重视和员工的认可，最终好心也落不得好报。

最后，"老好人心态"会导致下属员工无法成长。管理者需要对员工关心、爱护，但必要的时候也需要"扮黑脸"。一个只想当"老好人"的部门经理不能帮助下属成长，因为他不愿指出和制止下属的错误，导致员工缺少成长的必要条件。从这个角度看，从来不批评员工的部门经理不会是好经理。合理地指出不足，适当地批评，其实是在帮助下属改变和成长。我们常常听到这样一句话：幸亏当时领导对我要求严格，才有了今天的我。太多人有这样的经历和感受了。

总之，管理从来不是纸上谈兵，更不能"前怕狼后怕虎"。在企业管理中，管理者要敢于坚持原则，勇于承担责任，凡事只要出于公心，一切以企业利益为上，都会得到理解与支持，并得到员工由衷地崇敬。

那什么是管理者红牌、绿牌任务呢?

就是每个月给予每个管理者奖分、扣分的任务，对下属员工在工作过程中的优秀表现和不良行为进行奖励和处罚，要求管理者必须在当月完成奖分和扣分任务，拉开下属员工的积分差距，提供员工贡献差距。

二、管理者红牌、绿牌任务的目的

设置管理者红牌、绿牌任务的目的主要有以下两点。

1. 强化责任意识，提升下属能力

管理干部有责任、有义务帮助员工成长，帮助员工提高技能，帮助员工提高能力。管理人员不愿意扣分，是一种"老好人"的表现。慈不带兵，义不养财、领导不狠，员工不强。

管理干部要时时关心自己的下属，去发现他们表现优异的地方，随时以奖励的形式给以肯定，以此调动员工的积极性。员工提高工作技能，就能够更好地达成目标，部门业绩指标的完成就有保障。

2. 增加积分项目的灵活应用程度

公司设计的积分项目往往不能穷尽，总有没有考虑到的地方，给予管理者一定的奖分和扣分权限，管理者可以根据自身管理的需要及不同阶段的管理重点，结合员工的行为表现进行奖分和扣分，增加积分项目

的灵活应用程度。

三、管理者红牌、绿牌任务 K2 分如何操作

每个管理人员的下属人数不一样，我们可以按照人均的思路设定具体要求，并根据岗位层级及管理下属的人数确定奖分和扣分的人均分值、总分、单次奖分和扣分的最高值。

表 4-14　管理者红牌、绿牌任务积分操作

管理层级	奖分		扣分	
	每月奖分总额	单次最高奖分	每月扣分总额	单次最高扣分
班组长	10 分×下属人数	20 分	奖分总额的80%	20 分
部门主管	30 分×下属人数	30 分	奖分总额的90%	30 分
部门经理	60 分×下属人数	40 分	100%	40 分
总监	90 分×下属人数	50 分	100%	50 分
公司副总经理	120 分×下属人数	60 分	100%	60 分

我们在实际操作中会遇到以下问题，读者朋友们可以进一步思考。

➤ 下属人员是否包括直接和间接人数？

➤ 管理者进行奖扣分，是对直接下属进行奖扣分，还是对直接下属及间接下属都有奖扣分的权利？

四、管理者没有完成红牌、绿牌任务如何处理

如果管理者每月没有完成奖扣分任务,如何处理?在实际操作中,管理者的奖分任务往往比较容易完成,但是扣分任务时常完不成,如何在机制上促使管理者完成扣分任务呢?

首先,要对管理者未完成任务的情况进行扣分处罚,对于未完成的扣分任务有两种解决思路:第一,没有完成的扣分任务累积到下个月;第二,没有完成的扣分任务清零。

其次,为了推动管理者完成奖扣分任务,我们可以对每个月奖扣分任务完成情况进行公布排名,让全公司都可以看到谁没有完成任务,管理者也都是爱面子的,不愿意自己的排名在后面,从而推动其在下个月度完成相应的任务。

第 三 篇

积分制落地应用篇

. . .

第五章

———————

积分在PK层面的应用

第一节　为什么要有 PK 竞争

一、什么是 PK

PK，源于网络游戏中的"Player Killing"，直译为拳打脚踢，引申为格斗和对战，原意指的是在游戏中高等级的玩家击杀低等级的玩家，不过后来被引申发展成为对决的意思，如一对一的单挑，一对多、多对多等形式的挑战。

PK 激励是利用人积极争取、勇夺第一的心理，通过 PK 活动来挖掘员工的潜能，向高手学习，让员工发自内心地主动工作、创造价值、实现自我。

非常多的企业也引入了 PK 机制，效果很不错。笔者在网上看到一家企业引入 PK 机制后，通过 15 次 PK 大赛实现产值增长 70%，以下内容引自网络文章。

当时企业正处于发展的低谷, 由于生产亏损, 大家都不确定企业还要不要继续做下去。虽然说经营了十几年, 但企业一直停留在家庭作坊式的生产阶段, 没有规范也没有标准。所以, 企业先带领员工学习机制。学习了机制以后, 大家都觉得要做的事情太多了, 其中最首要的是找到行业基准、执行标准, 再在这个基础上研究提升多少及如何提升的问题。

之后, 我们企业每个月都会制定一个月目标, 这个月跟上个月要有所比较、互相PK, 我们已连续开展了 15 次 PK 大赛。此外, 企业根据实际情况还设立了一系列发展机制, 如师父带徒弟机制、项目承包机制、部门与部门之间内部市场化机制……这样, 我们遇到任何问题, 都会在第一时间找到第一责任人, 本着"谁的责任谁承担"的原则来解决问题、促进发展。

2012 年, 我们的产值是七八千万元, 年终亏损; 2013 年, 真正开始导入机制, 我们的产值实现了 1.3 亿元, 增长 70% 以上, 不仅扭亏为赢, 还盈利 500 万元。全体员工不但领到了许多额外福利, 也重新对企业的发展有了信心。

现在的很多培训也同样引入了 PK 机制, 开场就收取了 PK 基金, 按照学习小组进行积分, 考核出勤、团队展示、回答问题、现场作业、引导学员发朋友圈等, 根据各种积分规则进行积分排名 PK。通过这一系列的安排, 课堂氛围非常好, 学员参与的积极性大大提高, 很多培训是企业团队参加学习, 大家会为荣誉而战, 都不想落后。

所以在现实生活中, 每一个人都无法逃避 PK 和竞争, PK 给人类社会注入了新鲜活力, 使人们不再懈怠, 能够为尊严、为梦想、为使命奋力拼搏, 充分发挥潜能, 不断创新, 不断突破。企业也是一样, PK

就是较量，在经营企业的过程中，没有较量，企业就没有活力，更没有生产力。PK 对于员工、团队和企业都是非常有益的，

二、从员工、团队、企业层面看 PK 的意义

1. 从员工层面看 PK 的意义

PK 对提高员工积极性、发扬团队精神和挖掘员工潜能等具有非常重要的意义。

一是 PK 让员工能明晰目标，明确使命和责任，有了奋斗的方向和梦想。早晨员工就是被梦想叫醒的，而不是闹钟了。

二是 PK 让员工有强烈的欲望和企图心，对工作产生自主性，从而让员工进行自我激励，不用扬鞭自奋蹄。

三是 PK 让员工有危机感、紧迫感，从而不敢懈怠和放松，对自我的要求也会越来越高，这样才能激发员工潜能，把看似不可能的事情变成可能，员工才能有自信，才能越战越勇。

四是 PK 让员工有超强的抗压和抗打击能力，员工具有承受力、忍耐力才能变得更加坚强，才能在逆境中成长。

2. 从团队层面看 PK 的意义

一是 PK 能统一团队的思想和目标，使团队因共同的愿景和目标而奋战，这样伸出去的就是一个拳头，而不是五个指头。

二是 PK 能营造必胜的氛围，提升团队战斗力，有战斗力才可能会赢，有了赢的信念才会有底气，有了底气才有士气，士气比武器更重要。

三是 PK 能激发员工的团队精神，为荣誉而战，为尊严而战，能舍

小我得大我，团队荣誉感会让团队有带动力，能力强的带动能力稍微弱的，不抛弃不放弃。

3. 从企业层面看 PK 的意义

一是 PK 能让企业得到想要的结果，如业绩和利润增长、成本和费用降低、品质和效率提升等，通过合理设置 PK 项目，企业达到目标经营成果，稳步发展壮大，这样老板才能安心、省心、放心。

二是通过 PK 可以帮助企业打造一支激情满满，有着超强凝聚力和战斗力的团队，这样的团队会帮助企业在激烈的市场竞争中所向披靡，战无不胜。

三是 PK 帮助企业通过各种方式"赛马"，让所有的员工贡献智慧，把员工潜能挖掘出来，发现可能被埋没的人才，从而重用人才、成就人才，使企业人才各尽其责，形成稳健的人才梯队。

4. 对 PK 的理解总结

敢于折腾才有机会，经得起折腾才能成长，善于折腾才能成功！与高手过招，即使输了也是一次成长！优秀的员工，其每个毛孔，甚至骨髓里都流淌着赢的血液！龙争虎斗，激情 PK，你追我赶，永争第一！

➤ PK 可以让人的状态达到巅峰；

➤ PK 可以激发员工潜能，发挥最大可能；

➤ PK 让员工保持乐观和兴奋；

➤ PK 是产生业绩的最好方法，有 PK，企业就有发展的动力；

➤ PK 文化是让所有员工通过能力和结果去证明自己；

➤ PK 是让强者更强，弱者变强的过程；

➤ PK 让伙伴参与竞争并关注荣誉；

➤ PK 的核心不在于输赢，而在于成长。

第二节　PK 挑战实施流程

▲ 图 5-1 PK 挑战实施流程

一、确定 PK 挑战标的

管理者沟通确定按照什么内容和原则确定 PK 的胜负，这叫作 PK 标的，可以将业绩、回款、人均产值、毛利率等指标的完成值作为 PK 标的，或者将某件工作事项的完成时间或质量作为 PK 标的，甚至可以将月度积分额度或排名作为 PK 标的。总之，要根据当前企业的经营和团队管理状况确定，缺什么 PK 什么，PK 什么就得到什么，PK 标的可以是一项内容，也可以是多项内容叠加。

二、确定 PK 挑战对象

1. 个人 PK

员工可以根据自己的期望，选择挑战 PK 的对象，进行员工个体之间的相互 PK。

2. 团队 PK

两个部门或者部门内部两个小组之间根据领导者的期望，选择挑战 PK 对象，进行团队之间的互相 PK。

三、明确 PK 规则

1. PK 形式选择

（1）"两两明 P"挑战

两位员工或者两个团队之间，或者一人对多人按照 PK 标的进行 PK，这个也是很多公司常用的方式。

（2）"两两盲 P"挑战

在企业实践 PK 挑战时，往往会出现一个问题，当两个 PK 对象知道彼此的 PK 标的完成情况时，如果双方差距已经拉大，领先者基本觉得可以获胜时，就会逐渐"放慢脚步""稍稍松口气"，继续提升 PK 标的水平的动力会大打折扣；而落后者基本觉得已经失败，会放弃"斗争"的勇气，心底默默盘算着"下次再来"，本可以继续提升 PK 标的的完成情况，结果也被落后者主动放弃了。

如何解决上面的问题呢？我们在实践中运用了"盲 P"的思路，在线下操作时，采用抓阄的方式决定 PK 对象，而且在最后结果公布前所有 PK 者都不知道自己跟谁 PK。在 PK 过程中，哪怕目前暂时是第一名，但自己的 PK 对象也可能是第二名，跟自己就差那么一点点，所以还是要继续努力保持领先优势；哪怕目前暂时是最后一名，也许自己的 PK 对象就是倒数第二名，自己还有机会超越他，坚决不垫底。

通过"盲 P"这种方式，可以让 PK 者始终保持高昂的斗志，坚决不垫底和始终保持领先的动力会继续推动 PK 者继续努力。

（3）个人或团队之间排名 PK 挑战

表 5-1　某企业业务人员 PK 规则

姓名	业绩完成比例	名次	回款率	名次	新客户开发数	名次	销售预测准确率	名次	合计分数	名次
员工 1	200%	1	90%	3	5	4	80%	1	9	2
员工 2	150%	2	95%	1	8	1	70%	3	7	1
员工 3	90%	4	85%	4	6	3	75%	2	13	4
员工 4	100%	3	92%	2	7	2	60%	4	11	3

2. 确定 PK 周期、起止时间

PK 周期不宜太短或太长，周期适当，如基层周度或月度，中层月度或季度，项目周期长的可分解至月度或季度。起止时间要明确到具体的时间点，如从 12 月 1 日 0 点开始至 12 月 31 日 0 点止。

3. 确定 PK 挑战激励机制

设定激励机制的目的重在引导和激发 PK 对象,激励机制要能够激发员工拼搏奋斗的欲望并引导员工奋斗的方向,让整个团队活跃起来。不合理的激励机制,员工无动于衷,其结果必然不好。我们可以用积分奖励、PK 基金、有挑战的事、红黑方案机制、PK 勋章与等级等激励形式来激励大家共同参与 PK 挑战。

(1)积分奖励

对获胜方、平局双方、失败方分别给予奖励积分的正向激励和扣罚积分的处罚。

表 5-2　积分奖励

PK 方式	获胜方	平局	失败方	备注
团队 PK	奖分	双方不扣分,同时达成公司定的目标也可以给予一定的积分奖励	扣分	奖扣分数额由公司设定上限,由公司总经理或者公司管理委员会确定并公告,结果公示后计算人均积分,进入个人账户
个人 PK	奖分	双方不扣分	扣分	奖扣分数额由公司设定上限,发起人与被挑战人双方沟通确定
"盲P"	奖分	双方不扣分	扣分	奖扣分数额由公司设定上限,部门负责人确定

针对完成年度 PK 任务的部门、个人可以给予一定的积分奖励，如下表所示。

表 5-3　年度 PK 任务积分奖励

管理层级	年度任务 / 次	奖分 / 次	扣分 / 次	备注
副总级	3	50	50	奖扣分数额可根据实际情况由公司确定，级别越高，奖扣分基础越大
总监级	3	40	40	
部门经理级	4	30	30	
部门主管	4	20	20	
基层员工	3	10	10	

（2）PK 基金

双方可协商采用 PK 基金的方式，一般 PK 基金不能太高，人均 100 ～ 1000 元之间比较合适。基金可用来激发双方的斗志，额度太少不能引发关注，额度太高将引起大家的反感。

（3）有挑战的事

双方做出的承诺，不要有安全隐患、不要低俗、不要低级趣味。下面几个案例大家看看是否合适。

案例一："完不成任务，我去朝阳公园裸奔。" 向媒体许下 40 亿元销售额承诺的某公司总裁在朋友圈发送了以上"军令状"。

案例二：8 名银行员工遭公开体罚。网传的一段视频中，4 名男子和 4 名女子穿着整齐，面朝台下观众站成一排。一名戴着眼镜、手持长条状木板的中年男子手持话筒，挨个向八人问话，台上八人回答情况不一，包括"凝聚力不够""没有突破自我""团队凝聚力不强"等。随后，该名男子用手中的木板抽打八人，来回四次。

案例三：巴克利兑现诺言当众亲吻驴屁股。姚明被火箭队选中，很多人并不看好姚明。在一次重要比赛前，著名篮球评论员巴克利说，要是姚明一场比赛能拿下 19 分，他就亲吻搭档肯尼·史密斯的屁股。结果姚明发挥出色，在那场比赛中拿下 20 分。巴克利要兑现诺言，他的评论员搭档史密斯却不愿意当众露出屁股，于是就租了一头毛驴，让巴克利去"亲密接触"。

案例四：杨元庆曾靠胡萝卜加大棒获 10 亿美元业绩，高管被剃光头。在一次联想集团高级副总裁、北美区总裁戴维让北美第一年实现扭亏之后的高层会议上，有人打趣他："戴维，你一定能比这个指标完成得高。"

"我可以尝试。"他点头。

"你完成了我可以奖励你两辆车。一辆法拉利，一辆阿斯顿马丁。"坐在一旁的杨元庆凑上来说，于是戴维就答应了。后来杨元庆兑现了这两辆车。

之后又一次高管一起喝酒，都喝得有点多的时候，大家又开始起哄："戴维，你可以完成更高的目标。"这是一个比上一年翻番的目标。

"那你们得支持我。"戴维说，"还有我完成了得需要更大奖励，元庆。""你需要什么奖励？"戴维立刻拨了个电话给太太，太太说家里需要一个游泳池。杨元庆答应了。"如果我真的实现了，那一定是你们其他部门帮助我实现的，所以我可以剃光我的头发。"戴维补充。

一年之后的誓师大会上，果然一切成了现实。杨元庆的许诺一一兑现，剃头就成了誓师大会的保留节目。

以上四个案例中，前面两个不是有挑战的事，而是低俗、低级趣味的事。后面两个案例中的行为在自愿的前提下是可以接受且能够做到的。我们在实际操作中一定要注意，PK 时的承诺不仅不能低俗、低级趣味，而且要注意不能有辱人格。建议多采用一些阳光的、有意思的行为作为奖励和处罚标准，如每天走一万步并坚持一周、打扫卫生一个月、为同事带早点一周等。

（4）红黑旗机制

一些公司非常强调荣誉激励，每一个销售团队都进行竞争，每个季度的前五名奖励红旗，发象征性奖金，拿到红旗的时候大家都很高兴。那排名落后者怎么办？公司颁发黑旗，员工和领导一起上台领黑旗，发表感言，在领黑旗的时候还要象征性地罚款，罚 1 元钱，这对于员工来讲就是荣誉激励的负向激励。

当员工和领导领回来黑旗后，黑旗就挂在办公室里，所有员工看到黑旗的时候，都在想我们下次应该打个翻身仗。部门负责人在开会的时候，也会号召团队在下一次 PK 中一定要把这面黑旗变成红旗！

红黑旗机制的原理是红旗代表成功，黑旗代表失败，利用人爱面子、争士气的原始动力进行正负激励。

红黑旗机制的应用：每个月评比一次，对授旗仪式格外看重，需要造势，无论是红旗还是黑旗都一定要颁发，不可心慈手软。

（5）PK 勋章与等级（半年度／年度）

为了让 PK 不那么严肃，增加游戏化色彩，可以设置对应等级，根据 PK 积分排名为各层级员工颁发 PK 勋章，参考如下。

表 5-4　PK 勋章与等级

勋章与等级 员工层级	一代 宗师	江湖 枭雄	绝世 高手	江湖 少侠	武林 新秀
	第一名	第二名	第三名	第四名	第五名
副总级					
总监级					
部门经理级					
部门主管					
基层员工					

四、召开 PK 启动大会

对公司级团队 PK 可以召开启动大会，这样能给 PK 对象带来仪式感，也会让他们认为公司非常重视此项 PK，从而更加引起团队的重视。对于 PK 启动大会，企业要进行会议策划，引爆现场氛围，激发团队的能量。PK 启动会大致流程如下。

1. 会场布置

细节决定成败，会场的布置也非常重要，会议现场就要营造你追我赶的氛围，要让员工进入会场后就立马有竞争的紧张感和兴奋感。

2. 会议开始，公司领导讲话

公司领导讲话的最重要的目的是让员工看到公司对 PK 挑战的重视

程度，所以领导讲话需要强调公司开展 PK 的目的及意义。

3. 组织者介绍 PK 流程

组织者介绍 PK 对象、标的、激励等 PK 流程的目的是让参与 PK 的员工清楚每一步细节，并描绘 PK 胜利时的场景，激发大家的兴趣，让大家憧憬胜利后的喜悦，逐步调动员工积极性。

4. PK 签约仪式

PK 各参与方签订 PK 挑战书，在挑战书中约定起止时间、PK 标的、激励机制等。同时，公司高层领导作为 PK 见证人进行见证和最终胜负裁决。

5. 团队展示

团队展示环节让参与 PK 的员工互相"亮剑"，展示团队队形和 PK 口号，再次激发员工的团队荣誉感。队形和 PK 口号应在会议前提前告知，让员工提前准备，最好每个团队可以统一服饰或者定制文化衫。PK 口号举例如下。

> ➤ 春风吹，战鼓擂，我是冠军我怕谁！
> ➤ 嗨，不服来战！
> ➤ 横扫赛场，唯我称雄！
> ➤ 三心二意，扬鞭奋蹄，四面出击，勇争第一！
> ➤ ××一出，谁与争锋！
> ➤ 亮剑，认怂的别来！

➤ 道路是曲折的，"钱途"是光明的，你的钱是我的！

➤ 虎狼之师，唯我独尊！

➤ 不吃饭，不睡觉，打起精神赚钞票！

➤ 心中有梦有方向，全力举绩王中王！

➤ 齐心协力，争创佳绩，勇夺三军，所向披靡！

➤ 乘风破浪，迎接挑战！

PK 口号要霸气，要体现王者必胜的决心，而且要制作成横幅或标语挂在会场，会后挂在公司各部门里明显的位置，参考如下。

▲ 图 5-2 PK 口号横幅参考

五、营造 PK 氛围

很多企业在实施 PK 时，不关注过程，只是到截止时间公布 PK 结果，员工没什么感觉，企业也觉得没有起到很好的效果。造成这种尴尬局面的主要原因是 PK 过程中没有营造你追我赶的氛围。氛围也是场域，查理·佩勒林在《4D 卓越团队：美国宇航员的管理法则》中详细描述了场域的力量。企业可以通过以下措施营造氛围，打造良好的场域。

1. 及时公布 PK 信息

每天在微信群或者钉钉群等公司沟通媒介公布 PK 数据和信息，公布 PK 差距，形成你追我赶的氛围。及时公布信息，让排名在后的人知道别人超越他了，让排名在前的人知道被别人追赶上来了，大家咬得很紧，胜负不明，这样 PK 的氛围和感觉就出来了。例如，某企业销售团队 PK 过程中，某一方在群里发"××大区开发新客户一个，销售额 100 万元，距离我方目标还差 200 万元"，并刷上 10 朵小鲜花，然后所有人粘贴复制并发送到群里，群里就被刷屏了，能量在微信群里炸开，你追我赶的气氛就出来了，PK 一方公布相关数据，就会给对手造成一种紧张感、压迫感、恐惧感，信息越实时效果越好。

2. 标语激励

制作横幅或易拉宝，将挑战双方的口号放在显眼的地方，让所有人随时可见，这样可以时刻提醒员工，他们正在为荣誉而战。

3. 及时总结

总结分为部门总结、班组总结、个人总结，每天、每周、每月进行总结，部门负责人对绩效优秀的员工进行及时鼓励和表扬，对绩效落后的员工进行辅导，大家共同帮助其改善绩效，形成互帮互助的良好文化氛围，同时通报 PK 对手的战报，给团队打气。

4. PK 游戏化玩法 —— 抽奖大转盘

原理：利用转盘的娱乐性，将小小的 PK 变成工作与娱乐相结合的团队激励机制。

道具：制作一个"抽奖大转盘"，转盘上标注有小礼品、红包等物质类奖项，也标注一些精神类激励，如唱一支歌，跳一支舞，五分钟真心话大冒险等。

应用：适用于个人之间的 PK，在部门夕会或晨会中进行。

效果：打造良好的部门氛围。

六、召开 PK 总结大会

表彰会是对先进员工的表扬和对落后员工的鞭策，让所有员工愿意争先，敢于争先，乐于争先，营造人人争先的氛围。表彰大会的召开应注意以下几个方面。

（1）会议前准备工作要充分，提前宣传、造势；

（2）会议召开的整个流程设计要合理、紧凑；

（3）会议主持人和主讲人要反复演练，说话要有话术，主持人对会议流程要熟练掌握；

（4）会中音乐配合要默契，其他辅助工作要分工好；

（5）如果奖励现金，由 PK 输家颁发给 PK 赢家；

（6）对赢的人大力褒奖，给予荣誉、掌声、鲜花，表扬一次让其终生难忘；

（7）主讲人要对下一次 PK 的奖励进行价值塑造；

（8）不断要求种子选手参加 PK 挑战，号召更多的人参与。

第三节　对赌及彩票机制

一、PK 的另一种形式——对赌

什么是对赌？具体怎么操作呢？举例如下。

营销部门确定 3 月份对赌产值目标，部门经理拿 5000 元、业务人员拿 1000 元作为赌金，假设一个部门有 5 个业务员，赌本金就是 1 万元。如果 3 月份完成 100 万元业绩目标，赔付比率是 1∶2，部门完成产值目标，则公司拿出 2 万元给这个部门作为团建基金。如果 3 月份完成 120 万元业绩目标，赔付比率是 1∶3，部门完成产值目标，则公司拿出 3 万元给这个部门作为团建基金。如果 3 月份完成 150 万元业绩目标，赔付比率是 1∶4，部门完成产值目标，则公司拿出 4 万元给这个部门作为团建基金。但是，如果 3 月份未完成 100 万元业绩目标，赌输了赔付比率是 2∶1，那么这个团队除了将 1 万元对赌本金上缴公司外，还要再拿出 1 万元。

对赌是一种调动积极性的方法，要用在刀刃上，不能经常用。比如，用在开年作为一个好起点，调动全员的自信心。再如，放在年底冲刺，作为一个全年的收尾。对赌不能每月都实施，大家会厌倦。另外，除了对赌业绩、回款外，对赌的内容还有很多。比如，对赌客户数量、客单价、目标完成率、客户满意度、转化率等。对赌的内容，是公司当下最看重的关键指标。

对赌可以是部门和公司对赌，在部门内部也可以是部门负责人与员工进行对赌。对赌的操作方式如上所述，一般都是部门负责人从自己的奖金里或者部门的经费里拨出一部分来操作。

传统对赌是用现金，在积分体系里也可以用积分的形式进行对赌，操作思路跟现金是一样的。

二、团队 PK 中的彩票机制

为什么大家明明知道能中大奖难上加难，但还是一窝蜂地去买？

答案很简单，因为大奖实在太诱人了！

彩票机构将彩民的零散的钱收集起来，然后拿出部分钱来化零为整，形成一个巨型炸弹，对每个彩民都非常有杀伤力！

团队 PK 激励也一样，如果对每一个团队成员平均发放一点小奖，就会造成僧多粥少，大家更没有感觉。不如将所有小的奖励集中起来，形成一个大奖，聚焦激励最优人选，定能让大家尖叫！物质奖励要有杀伤力，奖金的额度如果超过员工一个月的工资，诱惑力还是非常大的。下面我们通过一个案例说明如何在 PK 中运用这一机制。

实施背景：

某公司销售系统分成了四个大区，每个大区配置五个营销经理，公司本来设置了月度销售超额奖。经财务测算，由于今年公司产品销售毛利率较低，在销售达标的情况下，每月只能拿出 2 万元进行激励，如果按月发放超额销售奖的话，将如毛毛细雨，达不到激励效果。

解决办法：

将月度激励改成季度激励，通过团队 PK，只奖励季度回款最高的团队。

效果呈现：

6 万元大奖集中激励，瞬间引起销售团队的竞争，团队积极性和荣誉感就像化学反应一样，很快被调动起来，当年四个大区的平均回款增长率都超过年度目标。

第四节　PK 挑战操作注意事项及价值点总结

一、PK 挑战操作注意事项

1.　PK 标的（指标）要简单

单一指标以数字为准，要尽可能量化，一般为对公司业绩起到作用的关键指标，如销售额、增长率、客户数、生产量、产品合格率、返工率、交期达成率、成本费用率等；如果是多个指标，需要明确指标权重及综合得分计算方式，这些需要得到双方的认可，避免误会。

2.　要有明确的奖励，且公平、公正、公开

PK 的最终结果，一定要做到"公平、公正、公开"。比如，我们可以举行"PK 群宣会""PK 兑现会""PK 再起航"等会议，对胜利注入仪式感，奖励及时兑现，惩罚及时执行，既要让员工有成功的喜悦，也要有痛的领悟，最后"不服来战"约定下次 PK。

PK 的核心是：赛、晒、筛。公平参赛，及时晒数据、晒喜报，筛选一场具有代表性的 PK 进行宣扬以激励其他员工积极参与。

奖励兑现要及时：结果公布后一周内兑现奖励和处罚，不能拖时间，否则员工的兴奋度早就过了，需要再次点燃激情就需要花更多的精力。

奖励或处罚方式：荣誉证书、锦旗、奖杯、纪念章、现金、积分、

烛光晚宴、吃苦瓜、俯卧撑等。

3. PK 周期要适当

太频繁会导致过犹不及，人的天性就是喜新厌旧，所以周期不宜太长，如基层以周或月为主，中层以月度或季度为主，高层以季度或半年度为主，项目周期长的可分解目标至较短的周期内，按照分解的目标进行 PK。

4. PK 挑战对象要分层、分类

如果 PK 挑战的对象没有分层，让优秀员工和中等表现的员工 PK，中等表现的员工和平时比较落后的员工 PK，这样的结果当然失去了公平性、竞争性，输的员工经常输，赢的却总是那几个老员工。久而久之，大家都不愿意再 PK 了。

PK 要有不确定性，就像打麻将一样，再好的牌技也不能保证下一局一定赢，永远想着下一局会赢，这样才有 PK 挑战的乐趣，每个人才有参与的动力，越打越有精神。要让每个人都有赢的希望，让每个人都有获胜的可能性，如果每次都是那几个人赢，其他人看不到希望，大家就不愿意再玩了。

5. 中高层干部需要带头进行 PK 挑战

在企业实际操作中，PK 挑战做得好不好，关键在于干部团队的煽动和刺激。首先，中高层干部之间要带头实施 PK 挑战，激发团队的凝聚力和向心力，让团队成员为了实现目标而拧成一股绳。其次，中高层干部要点燃团队的战斗欲望和团队的激情，鼓动员工进行 PK 挑战，营

造氛围，让员工为了荣誉而战。具有带动能力的中高层，相当于一根火柴，能点燃员工的激情和希望。

6. PK 挑战要循序渐进，也需要文化传承

有一些企业老板很羡慕别的公司的文化，一提到别人家的文化便赞不绝口："你看人家公司的 PK 文化，那真是说到做到，员工自己会许下承诺、制定目标，一旦完成不了任务，俯卧撑、深蹲一百个一百个地做，那叫一个震撼，回去我也要带着员工这么做！"

PK 文化是需要塑造的，而且需要自上而下树立榜样，从小 PK 到大 PK，从小范围到大范围，最理想的开展顺序是先部门，再小组，后个人。在企业运行 PK 机制时，可以从管理好、业绩状况好、部门负责人执行力强的部门试点，试点的时间以 3～6 个月为宜，边试边调整，要以点带面，起到辐射的作用，切不可一哄而上。

企业成熟运行后，PK 挑战要想得到传承和复制，就要让员工把 PK 当成一种习惯，而习惯要从一开始就要养成，所以从新员工入职培训开始就要植入 PK 文化。

另一方面，在公司的各项活动中都可以采用 PK 挑战，如团队培训学习时，按照团队和个人进行PK，按照团队和个人的积分排名进行奖励。

二、PK 的价值点总结

通过上述分析和阐述，相信大家都能理解 PK 对企业和员工带来的诸多益处，总结如下。

1. 为企业注入活力

打破一潭死水的现状,产生鲶鱼效应,在员工之间形成不满足现状和不甘平庸的氛围。

2. 增加员工动力

建立奋发向上的 PK 文化,充分调动员工工作激情,让 PK 获胜者成为其他员工学习的榜样和追赶的目标。

3. 挖掘员工潜力

点燃在 PK 中的失败者未来获胜的意愿,激活自身潜能,开启学习与成长的智慧之火。

4. 检验员工能力

在 PK 过程中观察双方的表现和状态,不仅是结果,过程中的不放弃、积极面对挑战的坚韧心态也非常重要,所以 PK 也是鉴定和识别人才、检验员工综合素质和能力高低的有效方式。

5. 强化企业合力

通过 PK 活动,可以有效培养团队精神,强化团队内部的情感交流和思想沟通,达到相互学习、增进友谊、增强合力的效果。

第六章

积分结果应用

第一节　新时代激活个体新方式

一、墨子的八字激励方针

价值评价是一个组织的利润管理系统，可以毫不夸张地说，价值评价管理＝企业利润管理，评价的目的只有一个，那就是满足客户价值主张，提高客户满意度，为利益分配奠定分配依据。只有分配得好，才能激励得好，而只有激励得好，才能真正有效激活个体，确保个体绩效的可持续性达成。激励的核心是价值和价格的交换，也就是我们经常提到的激励机制和约束机制。

企业和员工之间是利益相互满足、价值彼此成就的关系，只有各取所需，才能达到和谐相处、持续共赢。也就是说，激励机制和约束机制要并存，激励机制要解决员工要什么，企业能不能给的问题，约束机制要解决企业对员工有什么要求，员工能不能做到的问题，在这里我们主要谈激励机制，约束机制在其他章节做详细介绍。

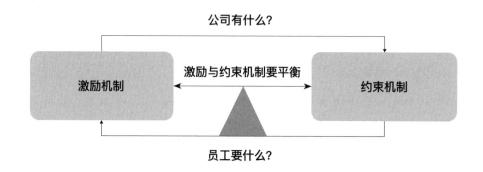

▲ 图 6-1 激励与约束机制的平衡

有效激励员工，首先要知道不同层级、不同管理序列的员工在企业中到底希望得到什么？什么是他们最为看重的？到底是为了镀一层金，日后跳槽增加资本，还是为了学到东西，能力得到提升，这些是企业经营者必须花费时间、深入思考的问题。

时代变了，环境变了，激励对象变了，但很多企业依然在用十多年前，甚至是20多年前的思想和激励手段来管理当下的员工。

现代商业战场危机四伏，在微利时代，企业发展遭遇了很多瓶颈，原材料价格节节攀升，企业生产成本不断攀升，订单不足，设备闲置率提高，老板如坐针毡。有了订单生产不出来，更是压力山大。利润下滑严重，老板累死累活，员工动力不足，传统激励方式已然失效。那该如何激励当下的员工呢？

笔者的课堂上曾经有一位老板忧心忡忡地说："我在江苏经营一家电子公司，公司目前发展得还算顺利，但是现在的员工不但难招，而且还难管。'80后'你可以批评，他们基本上是不会离职的，因为有车贷、房贷压着他们。但是面对'90后'，尤其是'95后'，原有的那套管理模式就行不通了，不要说对他们严格管理，就是在分配任务、开会谈话的时候都要小心翼翼，还要看他们的脸色，否则立马给你抛出一张离职申请单，霸气地说'老娘不干了'，老板只能站在风中凌乱了。"

很多年轻员工家境殷实，那如何激励他们？如何让他们持续性地产生高价值的绩效行为？

在企业管理中，老板的管理困惑越来越多，员工的工资、奖金越开越高，但是工作积极性仍然不高，执行力也不高，人才也并非越来越稳定，企业的凝聚力也并非越来越强，问题到底出在哪里呢？有老板感叹，现在的老板们要全能，要懂经营，要懂 ISO 体系认证，要懂绘图，最重要的是要撸起袖子干，干得还要比工人既快又好。

《孙子·虚实篇》有言："故兵无常势，水无常形。能因敌变化而取胜者，谓之神。"商场如战场，面对强大的竞争对手和激烈的市场竞争，管理者只有主动学习、深度思考，走在变化之前，才能化被动为主动，化危机为机遇。

我们在感慨的同时，也在深深思考，如何才能突破当下的管理困局？

其实，很多管理问题就出在没有对员工实施全方位、立体化的组合激励模式。这种组合激励模式到底包含什么内容？其实，春秋时期的墨子就给出了明确的答案。

墨子提出"兼爱""非攻""尚贤""尚同""天志""明鬼""非命""非乐""节葬""节用"等观点。墨家与儒家并称"显学"，有"非儒即墨"之称。

在《墨子·尚贤》中有这么一段记载，有人问墨子："然则众贤之术将奈何哉？"墨子回答："譬若欲众其国之善射御之士者，必将富之、贵之、敬之、誉之，然后国之善射御之士，将可得而众也。"

这段话翻译过来就是: 用什么办法才能使贤人增多呢? 墨子答, 假如要增加这个国家擅长射箭、驾车的人, 一定要使他们富有, 使他们得到尊贵身份, 时时尊敬他们, 给他们荣誉。这样, 国家中会射箭、驾车的能手就会出现并一直增加。

其实, 针对当前企业管理中的种种困局, 我们的先贤墨子早就给出了答案, 那就是墨子的八字方针"富之、贵之、敬之、誉之"。

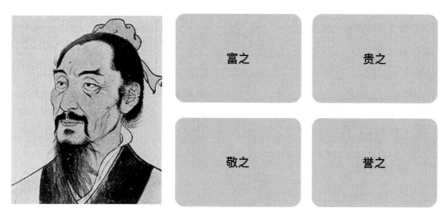

▲ 图 6-2 墨子的八字激励方针

1. 什么是"富之"呢?

很多人认为这还不简单嘛, 就是用钱"砸"! 任正非也说过, 钱给多了, 不是优秀的人也变成优秀人才了。但问题来了, 在当下的经营环境下, 企业有多少钱可"砸"? 如果"砸"的方式不对, 分钱的方式不好, "砸"下的钱可能一点水花都没有。况且, 一味地用钱"砸", 会导致公司管理的风向标变了, 整个公司充斥着一股"铜臭味"。

我们从来不否认物质激励是激发员工主动性的第一要素, 是排在第一位的激励手段, 但不是唯一手段。根据效用理论, 当管理者对员工支付的薪酬越高，边际薪酬的增长对员工的激励作用却越小，从而使得员工的行为也越来越趋向保守和不思进取，不利于企业发展。同时，随着达到某一期望的距离缩短，员工期望会不断下降，使其付出努力的激励效果也会不断下降。

企业应当不断提升员工的物质收入水平，但是，当员工的工资奖金不断提升时，其价值贡献也应当水涨船高，也就是说员工物质收入的提升应当符合"价值＝价格"的规律，否则企业给员工加薪就变成了加成本，这也是目前很多企业用工成本不断提升，但公司销售额和利润原地打转，甚至倒退的原因。

还有一个值得重视的现象：在一个企业里，往往员工的工资开得越高，奖金越高，人才可能流失得也越快。因为工资、奖金高的人，往往是技术好的人，管理水平高的人，销售能力强的人，是老板最信任的人，是掌握信息最多的人，只有他们最有实力，因此最容易被挖走。所以在企业中，经常出现高工资、高奖金的人说离职就离职，公司处于被动状态。

2. 什么是"贵之"呢?

如何让企业中的一小部分人变成企业的"贵族"呢？是让他不断晋升，还是赋予更高的权力？答案是股权激励。股权激励是把两个没有血缘关系的人变成一家人的激励模式。有这么一个故事，新婚夜，新娘看到有只老鼠在偷吃米，羞涩地对新郎说："快看，有只老鼠在偷吃你家大米。"第二天早上起来，新娘又看到那只老鼠，二话不说把拖鞋拍过去喊道："敢偷吃我家大米！"虽然这只是一个笑话，但是值得深入思考。

孟子的八字激励方针，实际上告诉企业经营管理者，激活个体要打组合拳，要从物质、精神、归属感多个维度进行组合激励。只有组合激励,才能达到激励效果的最大化,单一的激励模式效果有限且不可持续。

3. 什么是"敬之"和"誉之"?

这个也很简单,就是只要员工取得进步,就要不断表扬他,不断夸奖他,从激励的属性来讲,这是员工精神的诉求,精神激励在当下显得越来越重要,因为员工对精神激励的需求度越来越高。精神激励属于花小钱办大事的激励模式,中国的很多企业在员工精神激励方面都需要重新思考、重新规划、重新设计。

二、激活个体和组织的"九阴真经"

相信很多人都看过金庸小说《射雕英雄传》, "九阴真经"是金庸小说中最负盛名的武学秘籍,其内容包罗万象,从内功到招式,一应俱全。"九阴真经"出世后,由于其载有破解各大门派武学的方法,遂引起江湖群雄的争夺,掀起一番腥风血雨。江湖中人一直明争暗斗,欲将之据为己有,期间不仅掀起武功上的比拼,还牵引出种种感情纠葛。

那么,在管理中到底有没有"九阴真经",能够激活个体、激活组织呢?

自 2012 年以来,中国的人口红利正逐渐消退,但是管理的红利依然长期存在,企业管理者要左手抓向外经营,挖掘客户显性和隐性的价值诉求点并加以满足;右手抓向内经营,尤其是要抓组织能力建设,通过管理要效益将是企业对内经营的重要课题。企业要在对外经营满足客户要求的前提下,把管理的重心放到对内员工的经营上。唯有如此,在当下的经营环境下,即便订单量下滑,订单价格下降,企业也能够获得不错的经营业绩。

在 20 多年的管理实践中，我们不断从客户、同行中进行学习，不断研发、探索有效的管理模式，总结出了激活个体和组织的"九阴真经"。

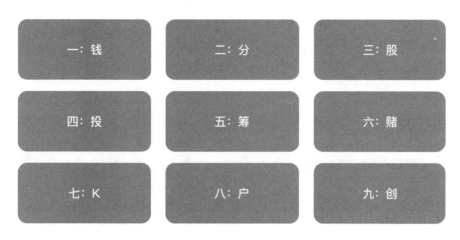

▲ 图6-3 激活个体、激活组织的"九阴真经"

1. 钱

要建立有效的分钱模式，首先，经营者要转变企业分钱的理念，从企业为员工发工资，转变为让员工为自己挣工资，让员工为自己而干，自己为自己加薪，将命运掌握在自己手里。其次，要让价值等于价格，工资推导任务，任务倒逼能力，以结果为导向，按数据说话，按绩效价值创造程度付费，最终达成增效、降费、减员、加薪的管理目标。在笔者的绩效管理三部曲《共赢绩效——绩效考核新思维》《增量绩效——销额增长新打法》《战略绩效——寡头地位新规划》里有具体介绍，这里不再赘述。

2. 分

积分管理是员工全绩效评价管理系统,进行员工激励,只有做到评价得好,才能做到分配得好,而只有分配得好,才能真正激励个体,确保个体"多打粮食"。所以,任何没有衡量员工价值贡献度的分钱模式,都是混乱、痛苦的根源,根本达不到激励的初衷。赏罚分明才是一个组织进步的发动机,而要确保发动机高速运转,前提就是建立一套评价员工贡献的价值评价体系。

3. 股

股权激励主要是把两个不相干的人变成一家人的过程。股权激励涉及的内容包括:基于控制权的顶层金字塔股权布局、股权结构设计、法人治理结构、员工持股平台搭建、股权税务筹划等。通过股权整合企业上下游资源链,对内通过一系列股权激励工具(在职股、众筹股、超额利润分享、储蓄股、指标众筹、年终奖众筹等模式)的应用,达到激励员工、提升管理、解决具体管理问题的目的,促进管理效益提升,保留核心人才。

4. 投

万科开启了地产项目跟投的先河,碧桂园利用项目跟投模式,先后启动了"成就共享""同心共享"项目跟投模式,在短短几年的时间超常规发展,迅速登顶住宅地产王者宝座。在很多互联网企业、高科技制造业、软件公司,也借鉴了项目跟投模式,均取得了不错的效果。

5. 筹

这是笔者公司创新研发的股权激励工具，众筹模式是对外部众筹平台对项目进行众筹的模式和思路，进行了系列升级、优化，而在企业内部实施。众筹工具主要是指标众筹、项目众筹、事件众筹、年终奖众筹等，众筹模式具有以下几个价值点。

➢ 与虚股相比，它需要员工既出钱又要出力；

➢ 与实股相比，它不改变股东所有权结构，不用担心企业失去控制权；

➢ 与干股相比，它的分配率是浮动的；

➢ 解决了员工只能共创共享利益，但不能共创共担风险的问题；

➢ 可筹人、筹钱、筹智、筹资源。

6. 赌

对赌也被称为估值调整协议，原指投资人与融资方在达成投资协议时，对于未来约定条件成就与否及其后果的一种约定。如果约定条件实现，则融资方可行使某种权利，如果约定条件未实现，则投资人可行使另一种权利，对赌激励就是在这样的基础上创设而来。在股权激励或者股权融资的过程中，因双方对公司估值不能达成统一认知，签订了带有附属条件的协议，被称为估值调整协议。

而现在许多公司将对赌工具引入企业，作为管理工具加以应用。以海尔为例，其设置了企业与员工的对赌共享机制，"对赌"是指海尔与小微（员工组成的小团队）事先签订对赌协议，承诺小微目标价值及公司分享利润的空间，如小微达成了对赌目标，则按照约定比例分享对赌价值，并在小微团队内部自主分享给小微成员，根据成员的贡献值和对赌目标分享不同的薪酬。随着对赌机制的完善与发展，对赌应用的领域越来越广，包括销售目标对赌、研发项目对赌、重大事件对赌等。

7. K

企业应用 PK 模式，是为了营造积极向上、创新、竞争的公司氛围，PK 对于企业来说一点都不陌生。当下，越来越多的企业将 PK 机制奉为激发团队动力的重要手段。PK 利用人性中争强好胜、不服输的特质，其特点是简单、易行，PK 应用得好，可以在短周期内极大地调动员工积极性，在公司内营造比拼赶超的管理氛围。

8. 户

在企业经营管理中，老板每天都是"996"，天天都是"白＋黑"，老板为什么会有这么大干劲？谁来激发老板的工作激情？其实答案很简单，老板都是自我驱动型，老板实施的是自我激励，老板都是在为自己而干。

再思考一个问题，员工为什么需要激励？因为员工是在为别人干。为自己干，遇到困难时可以不讲条件，不问缘由；为别人干，就需要讲条件、讲代价、讲激励。我们常说激励模式不对，激励效果白费，钱就像打了水漂，一点浪花都没有，花出去的钱变成了成本，达不到预期的激励效果。所以，从这个角度上讲，我们要在企业内部大量培植个体户、承包户、事业部、小微企业，让员工自己为自己而干，在获得个人利益的同时，满足企业对员工的业绩要求、行为要求。

那么如何在企业内部培植、建立个体户呢？在笔者的新书《共赢绩效——绩效考核新打法》里有详细介绍。要把每个岗位的员工都作为个体户来对待。个体户的特点就是，干得多赚得多，干得好赚得多，本质上就是多劳多得、少劳少得、不劳不得，所以能够极大地激发员工动力，能够在极短的时间内使业绩指标发生向上的变化，取得意想不到的结果。

9. 创

创业成功后，企业运营最难解决的问题是什么？

一是骨干流失，二是无法持续进行业务创新、产品创新，无法形成企业未来新的利润增长点。很多民营企业为什么前期的日子比较好，后期发展变得愈发困难，和这两个因素息息相关。企业发展到一定阶段，原有的激励模式已达到瓶颈，吸引不了企业骨干。另外，这些加盟的骨干，他们的诉求越来越多，今天要求加薪，明天要和你谈股权，后天说要出去自己创业，因为能力强的高管都想当老大。今朝不如往昔，劳动关系双方之间的关系已在悄然发生变化，再加上国家所提倡的"大众创业、万众创新"，使得很多人决心自己创业做老板。

为什么一些民营企业仅是昙花一现，为什么一些企业所谓的竞争就是打价格战？为了抢占市场，搞得狼烟四起、血雨腥风，其结果就是杀敌一千自损八百，这都是是骨干流失变成竞争对手、缺乏创新模式而导致的结果。

那么企业如何能够留住核心骨干并保持业务持续发展创新呢？

在中国的民营企业中，有一家公司在实施公司平台化、员工创客化方面的实践，值得各位企业家学习，这家公司就是位于广东省广州市南沙区的芬尼克兹。这家企业创始人宗毅正是依托"双创"政策，用"裂变式内部创业"的模式，完美解决了上面的两个问题。关于如何在企业打造员工创业平台，大家可参考宗毅的《裂变式创业：无边界组织的失控实践》这本书，也可参阅即将出版的由笔者编著的《企业创客能量场建设——新思维》。

未来，企业数字化管理，互联移动化管理，公司平台化、员工创客化管理，将是企业管理的三大风向标，所以我们可以大胆预测，未来不再有公司，只有平台；未来不再有老板，只有创业领袖；未来不再有员工，只有合伙人，这种管理模式的变化，将是对现有企业管理理念、管理方式的突破和革新，甚至是颠覆性的突破。

现在很多公司都纷纷规划、实施企业内部创客平台的打造和建设，虽然模式多样，但均取得了斐然的成果。

海尔的"创客"模式，通过海创汇平台，已成功孵化出 4 家上市公司（截至 2021 年 10 月 19 日），游戏玩家耳熟能详的雷神游戏本，就是海尔孵化的优质项目。

芬尼克兹的"裂变式内部创业"，率先在国内走在了组织创新先行的路上，先后裂变出多家公司，引发世界关注。

碧桂园实施的 "内部跟投制"，第一阶段的"成就共享"和第二阶段的"同心共享"，让碧桂园稳坐地产王者宝座。

2015 年，森马服饰推出了"创业合伙人制"，让内部有激情、有梦想的员工在森马的平台上直接创业，做"自己事业的 CEO"。

中国电信的小 CEO 制、完美世界的"内部孵化机制"、爱尔眼科的事业合伙人计划、重庆美心集团在企业内部打造的员工创业平台、美的集团推出的开放创新平台……越来越多的企业纷纷打造内部创客平台，孵化更多的创业项目，既保留了核心骨干，又不断产生新的盈利点。

一个鸡蛋从外面打破，就成为人类的食物，但从里面打破，则是新生命的诞生。企业家的使命就是不断规划新业务，让每个项目都能够"孵化"出来，能够让企业有源源不断的符合客户需求的产品上市，这样企业才会有新的利润增长点，才能让企业活得滋润一点，活得长久一点。

第二节　积分结果运用的重要性

2020年3月20日，深圳全城上下刷屏，只因这群特殊的人回家了！

当晚深圳的夜空属于最美逆行者。在深圳地标平安金融中心大厦、京基100大厦上，"欢迎最美逆行者回家　致敬新时代最可爱的人"字幕点亮深圳。在市民中心、深圳湾人才公园、宝安海滨广场三处有大型最美逆行者灯光秀，机场、地铁、商业区、主干道等全市400多处户外电子大屏也为"最美逆行者"点亮。

▲ 图6-4 "最美逆行者"户外电子屏

在深圳湾人才公园，地标"春笋"般闪烁着"新时代最可爱的人"的字眼，代表着大家沉甸甸的敬意和感激。这一晚，这座城市所有的光彩，献给所有负重前行的白衣战士们！他们点亮了生命的希望之光！当他们回来的时候，交警全程护航、深圳全城亮灯，这座城市用最高礼遇致敬"逆行者"，让所有"逆行者"感受到了这座城市的温度！

崇尚英雄才会产生英雄，争做英雄才能英雄辈出。针对抗疫英雄，国家、所在城市都用最高礼遇、特殊政策来回馈，感谢英雄们的付出，让他们没有后顾之忧地去奉献。回归企业也是一样，不能让"雷锋"吃亏，一定要让奋斗者、贡献者得到合理回报。积分结果的应用体系，就是结合积分结果，从精神到物质，全方位、立体化对企业的英雄们进行激励。所以积分结果的应用体系构建，对于企业是否能够真正运用好积分管理，是否能够持续进行积分管理起到非常关键的作用。

第三节　快乐积分大会

一、快乐积分大会的价值与意义

笔者曾在搜狐网上看到一位教育工作者发布的原创文章——《召开快乐会议，为积分管理定期加油》，大家可以从中体会到召开快乐积分会议的意义。

以前不懂得什么叫快乐会议，后来参加过数次积分管理培训之后，才懂得了快乐会议是积分管理实现闭合循环的关键环节，也明白了自己原先应用积分管理效果尴尬的原因，积分管理没有形成闭合系统，难怪用着用着就形同虚设了。

简言之，快乐会议就是积分结果兑现奖励的主题班会。在这个主题班会上，可以有仪式感地颁发各种奖励，让学生们体验被认可、被表扬的喜悦。至于奖励的类别和形式，班主任完全可以八仙过海，各展所长，利用自己手头能用的资源或创意达到让学生们重视积分的目的。

我们的周快乐会议以口头表扬和颁发晋级喜报为主。月快乐会议除了精神表彰奖励，还有物质奖励。我们学校是寄宿制中学，平时学生在校一周能吃到的水果有限，从前年开始，我们班级的月快乐会议就是水果快乐会议，一直到现在，孩子们都很喜欢，很期待。

我会提前买一两种水果或其他一些小零食，利用班会课的时间召开专题积分表彰会。每到这时候，学生们特别开心，整层楼的同学们都羡慕得不得了。

有些老师可能会问，班主任给学生们买水果，钱从哪里来？这个真的不用担心。一次几十块钱，每学期开四次，根本花不了多少钱，却换来班级几十个学生的快乐和幸福满满的时光，超值！

有学生悄悄告诉我："老师，您真好！我长这么大，只有您一位老师给我们买好吃的。"我笑了，我也没吃亏呀，我换来的是学生们对积分的持久重视和追求，换来的是轻松管班的幸福和与学生们越来越亲密融洽的关系。

这个月，我们班快乐会议的奖品是好吃的果仁酥和甜心橙，还有几块钱一大包的爆米花棒！花钱不多，快乐不少。积分优胜团队和个人会多领到一份好吃的，看把他们乐的。初二的学生了，跟个小孩子似的，那份自豪和荣誉远远超过了手中的那点儿水果和零食。虽然只是一个爆米花棒而已,在教室里吃和在家里吃的味道可是绝对不一样的喔,尤其是全班同学一起吃的感觉更是超级难忘。

本月又有 7 个同学积分满 300 分,兴奋地领到晋级喜报。

有位同学经过不懈努力和奋斗,积分终于满 200 分啦!他已经期待这张喜报很久了,每天都在小心翼翼地算,有没有扣分,有没有奖分?目前积分是 201 分,可把他兴奋地不知如何表达啦,从上周开始就问我什么时候给他发晋级喜报啊,现在他终于拿到手了。

刚拿到晋级喜报,他就说:"老师,我期末的时候能不能赚到 300 分啊?"我说:"只要你想,只有目标,没有问题。"这句话还是借用我在积分管理培训课上学到的一句话呢,超级管用,超级励志!

快乐主题班会的时光总是过得快乐而短暂,这是积分结果应用的加油站。就连选水果也是按积分排名来的,其实大的小的也差不了多少,但那种优先去选的优越感和自豪感是截然不同的。

使用积分管理的老师,除了在积分标准、积分生成和积分记录的简捷、实用上下功夫,一定不能忽视了快乐会议的重要作用。没有快乐会议的加油助力,时间久了,学生就会对挣分失去新鲜感和动力,积分管理的效果也会大打折扣。

快乐会议有固定的流程,但不一定是固定的模式,特别重要的是必须要有明确的目标,那就是通过快乐会议体现积分的价值和用途。召开快乐会议,主题大于快乐,一定要把老师的思想和引领策略融入其中,为日常积分管理持续注入动力。

最后,需要提醒的是,对学生的奖励一定是精神大于物质的,精神奖励是常常有,天天有,周周有,物质奖励只能是偶尔有或月月有,无须花费太多,略表心意即可。召开快乐会议也不要占用老师太多的精力,更不能增加老师的负担，多想点儿办法，利用智慧，让学生挣分有目标，快乐有期待，使快乐会议变成班级常态化主题例会，自然就简单了。

这位教育工作者真是管理高手，把积分管理用于学生身上起到了很好的效果，把快乐会议的操作注意事项也进行了详细的介绍。

其实，在企业中应用快乐会议，也有异曲同工之处。快乐会议营造快乐的氛围，认可员工的点滴贡献，进行表扬和鼓励，让员工感受到快乐，而快乐会提升幸福感，幸福感也是企业的核心竞争力。下面是一家企业对于企业积分快乐会议的描述，大家可以再次感受到快乐会议的魅力所在。

积分制快乐会议，简单的快乐，不凡的意义。有时，生活中的欣喜常源于一个不经意的善举被人在意，一颗坚毅善良的心灵被人赞扬，一种积极向上的心态被人鼓励，一次不求回报的付出得到肯定……积分制将这种快乐带到了工作中，企业的凝聚力被强化，员工的工作激情被点燃，企业文化与企业氛围在潜移默化中固化升华，企业发展的原动力渐趋强韧有力。

最后我们总结快乐积分会议的意义与目的，主要包括以下几个方面。

▲ 图6-5 快乐积分会议的意义

1. 开心快乐

员工在高强度工作中要紧绷弦，也要适当放松，实践证明，大部分员工心情愉悦，工作效率也会提高。举办快乐会议，就是让员工劳逸结合，通过一系列活动安排，让员工暂时放下紧张的工作，放松心情，调整到最佳状态，以更加饱满的热情投入到后面的工作中。

原阿里巴巴首席人力资源官彭蕾曾说过，阿里巴巴打造的工作气氛是外松内紧。我们是非常讲究执行力的公司，以结果为导向，但是这是内紧。我们也非常希望营造一种很宽松的环境，让员工快乐地工作，快乐地生活。公司必须为自己的员工解压。马云也曾表示：让员工快乐工作是好雇主应该做的事。

美国催化顾问集团公司总裁莱斯利·耶基斯在其所著的《快乐去工作》一书中写道：对成功的庆祝会带来无尽的快乐。仅仅肯定成功是不够的，我们还要为之庆祝。得到肯定后，人们会再做同样的事；为之庆祝后，人们就会形成这样做事的习惯。若想成功地融合快乐与工作，那么庆祝成功需要成为工作内容的一部分。

众所周知，每个人都希望得到肯定和表扬，而庆祝则可以提供人们继续前行的动力，提高工作绩效，从而为将来的成功埋下伏笔。庆祝是一件令人快乐的事情，不要因为时间紧迫等原因将庆祝从工作中剔除，工作过程中的庆祝会进一步促进快乐与工作的融合。当庆祝与工作同步进行而不仅仅在工作结束后举行时，庆祝能够让人们在接下来的工作中更加投入。

2. 增强仪式感

"黄继光英雄连"每天都会点名，"黄继光！""到！"全连官兵响亮整齐的回答，穿越历史的时空，让英勇顽强、奋不顾身的红色血脉代代相传。《士兵突击》中许三多的入连仪式，"列兵许三多！""到！""你是钢七连第 4956 名士兵！""钢七连在上百次战役中有 1104 人为国捐躯！"这种刻骨铭心的仪式，胜过万语千言。

我们的生活也需要仪式感，仪式感会让人们变得更加幸福。张爱玲说过："生活需要仪式感，仪式感能唤起我们对内心的自我尊重，也让我们更好地、更认真地去过属于我们生命里的每一天。"

企业的持续经营和发展壮大，需要一支充满活力与激情的团队来实现。而仪式感，就是给这个团队注入活力与激情的最好方式！仪式感也是生产力。2002 年，诺贝尔经济学奖获奖者、心理学家丹尼尔·卡尼曼经过深入研究，发现我们对体验的记忆由两个因素决定：高峰（无论是正向的还是负向的）时与结束时的感觉，这就是"峰终定律"。而人们的活力与激情，最主要就是靠记忆来影响的。当某项活动能够令我们想起过往经历中的活力与充满激情的情节时,我们的行动就会更加强劲有力。仪式感是最直接强化峰终定律的方式。

生活需要仪式感,企业需要仪式感,团队管理更需要仪式感。仪式感能够唤起我们内心的自我尊重,从而让我们承担起更大的责任,把事情做得更好。很多企业举办的有仪式感的活动往往很少,一般在半年度或年度会议时进行优秀员工的颁奖时才会有那么极少的一两次。我们每月或每季度举办积分快乐会议,开展颁奖仪式,给予优秀员工足够的尊重和重视,让颁奖仪式足够隆重热烈,受奖者往往心潮澎湃,观众也会热血沸腾,这种记忆往往会贯穿工作过程中的很长一段时间。

3. 给足面子,精神激励

在精神激励方面,华为是值得学习的标杆。任正非说,敢于花点钱举办一些典礼,发奖典礼上的精神激励,一定会有人记住的,这就是对他长期的自我激励。任正非指出,表彰要舍得花钱,别抠门,要使奖励形式多样化,奖牌要高级,让员工得到足够强的鼓舞。华为一直强调精神奖励,并认为精神奖励的作用比物质奖励更强大。华为设置了非常多主题突出的奖项,包括金牌奖、蓝血十杰、天道酬勤奖、明日之星、总裁嘉奖以及优秀家属奖等,还在内部网站设立"荣誉殿堂",把各类获奖信息、各种优秀事迹记录下来,供全体员工随时查阅和学习。据华为内部人员介绍,任正非本人非常重视荣誉奖项,很多荣誉奖项的奖牌和奖杯都会亲自参与设计,并亲自颁发。我们一起看看华为都有哪些典型奖项。

(1)天道酬勤奖

目的是激励长期在外艰苦奋斗的员工。在海外累计工作10年以上,

或在艰苦地区连续工作 6 年以上的员工都有资格申请。此奖项设立于
2008 年，到 2018 年 10 年间共授予人数已达 2847 人。

（2）金牌团队和员工奖

目的是奖励为公司持续做出突出贡献的个人和团队，是华为授予员
工的最高荣誉性奖励。金牌员工奖是在每 100 人中评选出 1 名金牌员工，
金牌团队奖是在每 400 人中评选出 1 个金牌团队。2017 年，华为共评
选出 1785 名金牌员工、574 个金牌团队。每年会有 30 余名金牌员工代
表在华为深圳坂田基地与任正非合影。

（3）蓝血十杰

目的是表彰那些为华为管理体系建设做出历史性贡献的个人，是华
为管理体系建设的最高荣誉奖。这个贡献往往需要很长的时间来检验，
所以授予的人里面有可能出现已退休或离职的人员，以示不要忘记历史
"功臣"。

（4）明日之星

目的是面向未来营造人人争当英雄的一种文化氛围。评选的标准不
追求完美，只要有符合公司要求的闪光点，符合华为的价值观导向，员
工就可以参加民主评选。获奖的人数比例为企业总人数的 20% 左右。"明
日之星"要的不是含金量，而是千军万马上战场。

4. 奋斗者、贡献者定当得到合理回报

《以奋斗者为本：华为公司资源管理纲要》一书的主编黄卫伟老师
说，华为的价值分配理念强调以奋斗者为本，导向队伍的奋斗和冲锋。
华为的分配理念承诺绝不让"雷锋"吃亏，奉献者定当得到合理的回报。
当员工接受这个假设去奋斗并一再得到验证时，这个假设就转化为一种

信念，也就是我们通常所说的价值观和企业文化。

（1）价值分配向奋斗者、贡献者倾斜，给火车头加满油

对华为来讲，对价值评价系统的建设实际是把员工的奉献和对奉献的回报紧紧地联系起来，就是不让雷锋吃亏，贡献者定当得到合理回报。公司的价值分配体系要向奋斗者、贡献者倾斜，给火车头加满油。华为公司敢于打破过去的陈规陋习，敢于向优秀的奋斗者、成功的实践者、有贡献者倾斜。在高绩效中去寻找有使命感的人，如果员工确实有能力，就让员工小步快跑。

（2）不让"雷锋"吃亏，才会促进千百个"雷锋"不断成长

华为公司奉行绝不让"雷锋"吃亏的源远流长的政策，促进千百个"雷锋"不断成长。华为努力探索企业按生产要素分配的内部动力机制，使创造财富与分配财富合理化，以产生共同的更大的动力。华为在核心价值观中写入绝不让"雷锋"吃亏，贡献者定当得到合理回报，这在有些人看来，不免感觉刺眼。华为无意与当今的世风论短长，华为也不宣传让大家都去做雷锋、焦裕禄，但对贡献者公司一定会给予合理回报，这样才会有更多的人为公司做出贡献。这既是核心价值观，也是公司的基本价值分配政策。

华为公司的政策和机制背后的理论指导思想是中国大部分企业应该学习和借鉴的，我们举办快乐会议，目的就是激励奋斗者和贡献者，让他们得到应有的物质激励和精神激励，公开透明地进行表彰，激发他们持续创造价值，也让其他员工看到、相信公司的政策和激励导向，带动公司整体积极向上的文化。

二、如何召开一个有效的快乐积分大会

积分快乐大会成功召开，需要注意以下几个关键点。

1. 提前策划与演练

要想成功地组织一场活动，必须要精心策划和准备，根据快乐会议需要达成的四大目的策划会议流程，准备相关节目、道具和物品、游戏等。表 6-1 是某公司游戏式积分快乐大会流程表，大家可以参考。

表 6-1 游戏式积分快乐大会流程表

序号	流程	负责人	内容要求	所需物资
1	会前准备及会场布置	人力资源部	坚持"人人参与"的原则，每一位员工都要参与到会场布置的过程中去，并根据员工做的事情给予对应的积分奖励。 会场布置及准备包括但不限于以下内容： （1）主席台、领导及员工座位摆放（每个部门积分排名第一的员工座位与领导座位在一起） （2）抽奖转盘、礼品准备：负责礼品的清点和摆放 （3）暖场 PPT 准备 目的：现场循环播放积分排名高的人员，各类积分单项奖获奖人员 VCR； PPT 封面：××公司员工积分快乐大会	海报、气球、PPT、音乐等

表6-1 续表1

序号	流程	负责人	内容要求	所需物资
1	会前准备及会场布置	人力资源部	（4）暖场音乐、颁奖音乐准备 目的：用于暖场及颁奖，音乐歌曲要激昂 （5）横幅张贴 ××公司员工积分快乐大会；积分管理让奉献者定当有回报 （6）积分照片墙准备（做足仪式感，要让员工有面子） 有条件的可以在会场两侧悬挂积分排名靠前员工的照片或者在PPT上植入员工照片并配以音乐或者歌曲 （7）节目彩排 参演人员提前把所要表演的节目准备好； 表演节目内容可以多样，舞蹈、独唱（歌伴舞）、小品、乐器独奏等不拘一格； 表演节目按照形式与质量形成阶梯状（依据节目特点与质量安排节目表演流程）	海报、气球、PPT、音乐等
2	准备入场	人力资源部	参会人员做好签名； 部门负责人负责本部门人员清点统计。 原则上要求公司每一位员工都必须参加快乐会议，积极参与企业快乐会议，也是员工集体荣誉感与责任感的集中体现。 对于不能参与快乐会议的员工，会有扣分警示	签到表

表6-1　续表2

序号	流程	负责人	内容要求	所需物资
3	开场互动	主持人	快乐大会倒计时,全体员工一起高喊3、2、1,营造会议快乐氛围。鼓励会议现场所有与会人员把现场活动转发到朋友圈。 激情开场,主持词举例如下: 各位同事们,大家好,今天是我们第十一期的快乐会议,祝大家玩得开心!一分耕耘,一分收获,自从积分制管理走进我们的企业,我们的工作中涌现出了一股积分潮,快乐积分,快乐工作,用积分来激励工作,用工作来赢取积分……	倒计时软件
4	士气展示	主持人及各部门	(1)各部门原地展示、整齐有力、有创意、士气盛,形式可以多元化 (2)节目主持人可以简短点评	根据各部门所需准备
5	公司舞蹈	领舞	要求:投入、激情	主动上台领舞及参与表演的,有积分奖励
6	领导致辞总结	公司高管	(1)总结上月成绩与不足 (2)表扬好人好事 (3)提出希望	

表6-1　续表3

序号	流程	负责人	内容要求	所需物资
7	颁奖仪式	主持人	（1）获奖名单公布 （2）获奖者上台领奖、嘉宾颁奖 上台领奖时播放音乐、电子鞭炮，嘉宾由公司高管或总经理／老板担任，如果有可能的话，邀请获奖员工的家属进行颁奖 （3）获奖分享 让关键获奖者想好获奖感言，颁奖现场发表感言 （4）合影留念 上台领奖人员与总经理（老板）合影	奖杯、锦旗、证书、奖金、礼品等； 相机
8	成功经验分享	主持人	（1）分享成功经验 （2）激励员工	分享者的积分记录
9	穿插节目	节目负责人	游戏、节目、带热整场氛围： 企业认可员工的各项技能特长，鼓励有表演特长的员工在快乐会议上进行节目表演，在展示自我、获得积分的同时，把快乐带给其他员工，真正实现"快乐工作、快乐生活"的目标。特别是对于第一次上台表演的员工，每人给予积分奖励 有意思的小游戏会带动氛围，部分游戏参考附件	根据需要，对表演节目人员进行积分奖励，如奖励200分

表6-1 续表4

序号	流程	负责人	内容要求	所需物资
10	上月 PK 挑战 兑现	公司高管	（1）宣读 PK 结果 （2）上台奉上 PK 积分牌 （3）胜方简单分享	积分牌
11	部门 目标 设定	公司高管	（1）部门负责人集中上台 （2）宣布本部门目标及达成奖励和达不成的惩罚 （3）与台下部门人员共同宣誓，展示决心	相机
12	本月 PK 挑战 公布	公司高管	（1）部门挑战（PK 积分 500 分） （2）个人挑战（PK 积分 200 分）	白板、白板笔、相机；PK 挑战结果及积分奖励记录
13	生日 祝福	主持人	为让每位员工感受到集体的温暖与关怀，快乐会议上为当月过生日的员工送上生日祝福。精心准备的蛋糕和鲜花，表达了企业对员工长期以来辛勤工作的肯定和感谢，也表达对员工的点滴关怀	蛋糕、鲜花
14	月度 工作 安排	公司高管	（1）本月公司整体目标和关键任务 （2）公司目标和任务的分解，每个部门需要承接的重点目标和任务 （3）对干部和员工的工作要求 （4）特殊奖励计划	电脑、投影仪

表6-1　续表5

序号	流程	负责人	内容要求	所需物资
15	快乐转盘抽奖	主持人	快乐转盘抽奖，让员工获得除积分、排名所带来福利之外的额外奖励，极大调动员工积极性； 员工在平时工作中，每做一次贡献，就获得一次积分，每个部门积分排名前三名及达到10000分，可在快乐会议上抽奖。所有员工上台转动抽奖转盘，奖品设置丰富多样。具体奖品设置原则参考附件	第一名抽奖5次；第二名抽奖3次；第三名抽奖1次
16	领导动员	总经理	（1）表示祝贺和感谢：对组织及参与整个快乐会议人员的表示感谢；对涌现出的优秀员工获奖表示祝贺，并感谢员工在工作期间的付出 （2）对优秀事迹再次表扬：对工作中的典型优秀事迹再次进行表扬和鼓励 （3）表达期待：希望更多的员工扎根岗位，创造价值，获得积分，成为岗位"英雄"	
17	会议结束	主持人	朗诵使命、演唱激情歌曲：全体朗诵公司愿景、使命和价值观，合唱激情歌曲	快乐会议大旗

表6-2　快乐积分会议方案附件

快乐积分会议方案
一、快乐小游戏
快乐会议上不仅仅是通过精彩的节目把大家的情绪调动起来，其中游戏环节更是引爆高潮的重要环节，小游戏的参与感、互动感、可操作性可能更强于节目表演。可以准备的小游戏如下。
1. 歌曲接龙
参与人：所有人 规则：制定主题，如"花"，每组必须唱含有"花"字的歌曲，哪队接不上就算输 评分：每组说出几个得几分
2. 你来比我来猜
道具：A4纸张（写好词语） 人员：每队派6位代表 规则：一个队一个队比。主持人把写在纸上的词语（或一句话）给第一位队员看，队员1用肢体语言将看到词语的意思传达给队员2，不允许对嘴型，不允许发声。队员2按照自己理解的意思表演给队员3，以此类推，最后队员6告诉大家他认为队员5表演的是一个什么词语。说出结果与纸上的词语意思最靠近的为过关
3. 吃得快
这个游戏一般指定公司高级别领导来参与，领导们围花头巾的时候，现场经常会混乱，会有很多员工冲上来拍照。 道具：红方巾4块，围嘴4个，奶瓶4个，牛奶或啤酒4杯，小筐4个，假胡子4个，提前灌好奶瓶

表6-2 续表

快乐积分会议方案
人员: 4位领导扮演"狼外婆", 4位领导自选代表队, 另外每队再派1名队员, 扮演"小红帽"   规则: 4队同时比。主持人喊开始。"狼外婆"开始给自己系头巾、戴假胡子, 然后背着小筐, 跑向对面的"小红帽", 给"小红帽"系好围嘴, 喂"小红帽"喝奶, 最先喝完的一队获胜。
二、奖品设置
奖品设置的原则: 价值不高, 分量够足, 多次抽奖人员得抱着才能领回去, 最好还是需要有人帮忙, 让其他的员工羡慕能够抽奖。具体奖品参考如下。
①电磁炉: 多个; ②电饭锅: 多个; ③精油: 多瓶; ④茶杯: 多个; ⑤毛巾: 多条; ⑥抽纸: 多提; ⑦洗发水: 多瓶; ⑧饮料: 多瓶; ⑨洗洁精: 多瓶; ⑩香皂: 多块; ⑪牙膏: 多盒; ⑫茶叶: 多盒; ⑬大米: 多袋; ⑭工作服: 多件; ⑮牛奶: 多件; ⑯洗衣粉: 多袋; ⑰浴巾: 多条; ⑱现金: 100元, 多张; ⑲现金: 50元, 多张; ⑳欢乐谷门票: 多张; ㉑电影票: 多张; ㉒电动剃须刀: 多个; ㉓有机蚕丝面膜: 多盒; ㉔抱枕: 多个; ㉕美甲券: 多张; ㉖和总经理喝早茶: 一次; ㉗总经理专车接送上下班: 一次; ㉘直属上级请吃饭: 一次; ㉙做企业内刊封面模特: 一次; ㉚休假: 半天。

2. 节目(游戏)创新

梦想的感动还未退却, 声音的震撼又接踵而来。如果说, 2005年的《超级女声》将"选秀"这个概念植入到了中国观众心中, 那么2012年被誉为"无关乎相貌、身份、动机, 只在乎好声音的节目"——

《中国好声音》，无疑创造了选秀节目的又一收视神话。电视综艺节目也要不断创新，才能赢得观众的认可。即使是《中国好声音》这一档节目，这么多年，不管是在导师人选上，还是节目形式上都在变化，如果节目没有变化，观众会觉得千篇一律，没什么意思，就不愿意观看，也不会有话题。

回到企业，快乐会议的节目或者游戏也是一样的，人都有喜新厌旧的特性，如果快乐会议的流程和当中的节目或游戏安排没有变化，每次都一样，作为观众的员工也会觉得没有意思，不愿意参加。所以，我们在积分快乐会议的节目或游戏设计方面要持续追求创新，给员工制造新鲜感，让员工参加完以后仍然意犹未尽，期待下一次有不一样的惊喜。

3. 快乐、庄重的氛围

2018 年 7 月 26 日，华为在深圳总部举办隆重的颁奖仪式，为 5G 极化码（Polar 码）发现者、土耳其埃尔达尔·阿里坎教授颁发特别奖项，致敬其为人类通信事业发展所做出的突出贡献。当获奖者埃尔达尔·阿里坎教授走进会场时，任正非带队夹道欢迎，会场响起热烈的掌声。

任正非给教授颁奖时，三名礼仪小姐身着隆重的服装，手戴白手套，一位手捧奖状，两位在后面走正步护送，将奖状给任正非进行颁奖。颁发给埃尔达尔·阿里坎教授的奖牌由巴黎造币厂设计和精制，正面雕刻胜利女神形象，嵌入了巴卡拉红水晶，寓意新的通信技术引领时代发展。

华为在这些细节上进行了精心设计和安排，营造出了快乐、庄重的氛围，对此事表示最大的重视。这就会让领奖者感觉自己是非常受重视的，给领奖人带来从未有过的感受和经历。

4. 要有惊喜感

给予积分排名靠前并且获奖的员工一定的惊喜感，会让他们更加难以忘记这项活动。企业在实际操作时可以在以下几个方面考虑。

（1）座位安排

获奖人员座位按公司领导标准安排，有能力的情况下可以安排公司专车接来参加会议。

同样，华为给埃尔达尔·阿里坎教授颁发特别奖项时，公司派专车接埃尔达尔·阿里坎教授到会场，并且由一群人员在车子的左右、后面跑步护送，这应该是华为对贡献者的最高礼节了。

（2）家属参与

我们有学员的企业在举办快乐会议时，曾邀请家属为获奖员工颁奖，有的公司还会寄贺卡给员工的父母、爱人，首先感谢家人培养了如此优秀的员工，其次邀请家属录制小视频，或者邀请家属作为神秘嘉宾表演节目或给员工进行颁奖等。

（3）抽奖安排

快乐转盘抽奖，让员工获得除积分、排名所带来福利之外的额外奖励，偶尔设置特别奖品，给员工惊喜，会极大调动员工的积极性。

5. 轮流主办

如果让一个部门主办积分快乐会议，会产生两个弊端：第一，会让承办的部门有一种江郎才尽的感觉，毕竟一个部门的创意是有限的；第二，由一个部门承办，承办部门需要请求相关部门协助，其他部门却不知道、不理解整个举办过程中的难处，效果反而一般。

如果轮流主办，首先，每个部门都可以发挥各自团队的创意，在这个过程中也会增强团队凝聚力，也有竞争的感觉在里面，公司可以对快乐会议的举办精彩程度进行评价，对排名靠前的组织策划部门进行额外积分奖励，这样更能激发大家组织策划的热情；其次，每个部门都需要经历活动组织、策划和实施的过程，就会相互理解和支持，在这个过程中提高了沟通和协作的效率。

第四节　积分结果的巧妙应用

一、怎样才能在福利成本与员工满意度之间进行权衡

企业用于福利的成本逐年增加，但基于固定福利模式，员工难以体会这一隐形成本开支。企业花费了大量的成本用于福利，员工的感知度和满意度却逐年下降。我们曾经的一个客户，公司研发人员占绝大多数，研发人员性格内向，不善于沟通和交流，研发部门内部氛围有些沉闷，人力资源部就建议公司每周三举办一场下午茶活动，安排公司员工吃些点心，边吃边做些交流。有一次，我们刚好在该公司做项目，在公司走廊里就有两个员工在交谈。其中一个员工说："人力资源部是干什么吃的，点的下午茶这么难吃，还不如不点。"笔者当时就在想，公司真冤啊，钱花了，员工还不满意，老板要是知道了，不得气死才怪！大家再回忆一下，每年公司发的过年过节的福利，员工的满意度究竟如何？大家心里应该知道，这些福利不发不行，发了又没有换回员工的满意，到底是为什么？我们认为，造成这种结果的核心原因有以下两个。

第一，福利对所有人一样，没有差别，干好干坏一个样，而且是企

业直接发的，不需要员工花费努力和付出就能得到，没有付出的获得就没有人会倍加珍惜。这样发出去的福利就是成本，换回来的反而是抱怨和不满。我们的积分结果运用就解决了这个问题，员工用积分进行兑换，或者达到一定的积分值才可以获得，从底层逻辑上彻底改变了员工坐享其成，员工需要用自己的努力挣得相应的积分，用积分换回自己想要的东西，而且积分额度不一样，获得的回报（享受的福利）就可以不一样，这样做一个转化，兑换和奖励靠的是价值贡献，员工满意度也会大大提升，企业和员工实现双赢。

第二，企业发的东西不是员工需要的，每个员工的需求点不一样，如果一个男员工刚好需要一个剃须刀，如果公司刚好可以满足他的需求，这就会大大提升员工的满意度。大家来看电视剧《宰相刘罗锅》中的这样一个情节，从中体会什么叫称心如意。

中秋佳节来临，文武百官挖空心思，到处搜集奇珍异宝献给乾隆皇帝，盼着乾隆皇帝看到自己献的礼物，一高兴就给自己升官。和珅很想知道自己的死对头——刘墉（刘罗锅）会给皇帝献什么生日礼物，他想着这个刘罗锅一向标榜清贫廉洁，肯定没有什么拿得出手的礼物。

轮到刘罗锅献礼了，他让人提了一只大木桶进来，桶上用布覆盖，谁也看不见里面盛了什么东西。和珅一边看一边想，难道里面是黄金珠宝不成？可刘罗锅哪里来的这些宝贝？木桶提到乾隆皇帝面前，桶里的东西终于露出真面目，却让人大跌眼镜，原来木桶里装的是满满一堆生姜。文武百官一片哗然，这个刘罗锅胆子也太大了，居然拿一桶烂姜献给皇帝，真是活得不耐烦了。

和珅趁机高声质问道："好你个刘罗锅！居然用一桶姜给皇帝祝寿，

你这是什么意图？你这是藐视皇帝，该当何罪！"乾隆皇帝也发话了："刘罗锅，朕知道你一向清贫廉洁，但你送给朕一桶生姜是何意？"刘罗锅慢条斯理地说："陛下，请您看一看，这桶生姜是什么形状？"乾隆瞅着木桶看了又看，才回答说："这桶姜好像是一座小山的形状。"刘罗锅趁机回答说："皇上圣明！这一桶姜摆成山的形状，就是'一桶姜山'，'一桶姜山'谐音就是'一统江山'，臣刘墉祝陛下千秋万代，一统江山！"

乾隆皇帝这才明白"一桶姜山"代表的是"一统江山"之意，刘罗锅果然聪明，用一桶不值钱的生姜搞出了"高大上"的内涵，相比其他人送的礼物，太有寓意了！乾隆皇帝禁不住龙颜大悦，把刘墉狠狠表扬了一顿，还给了他很多赏赐。

二、积分结果应用范围

1. 游戏中的 PBL 理论

在讲积分结果应用方式之前，我们来看看为什么游戏式管理可以对新生代员工进行有效的激励。为什么大家那么喜欢打游戏？游戏到底有什么魔力呢？

游戏中的 PBL 包含三个要素：点数（Points）、勋章（Badges）、排行榜（Leaderboards），被广泛应用到产品的游戏化系统中，这些机制对于提高游戏的乐趣有很大的促进作用，也就是可以用来提高参与的意愿度。

▲ 图 6-6 游戏中的 PBL 理论

（1）什么是游戏的点数?

在虚拟游戏世界，玩家通过完成系统设计的主、副线任务关卡领取积分点数，利用积分兑换装备、给游戏角色增加属性、协助玩家完成剩余关卡。在现实的互联网产品游戏化设计机制中，用户通过完成设定的期望行为领取积分，任务完成后的及时反馈让用户行为与期望行为建立联结，累计的积分可以在积分商城兑换商品、获得附加价值。

表 6-3 爱奇艺每日任务积分

主线任务	期望行为	积分
支线任务	在线看视频 30 分钟	10
	每日签到	5
	电影评分	5
	分享视频	5
副本任务	看轻小说	2
	阅读漫画	2

从这里可以看到，点数是 PBL 理论三要素的基础，对点数的通俗理解就是：希望玩家产生什么行为，每个行为发生后，给予多少积分予以认可，以便激励用户完成任务。除了数字外，进度也是点数中的重要的一环，通过进度可以让抽象的数字以更直观的方式被感受到，通过进

度的对比，也更能激励用户继续完成任务。

（2）什么是游戏的徽章？

对于徽章，可以理解为玩家完成各项任务后获得的总积分。达到一定的积分，就可以获得不同的勋章，以此来认可、奖励玩家的行为，让玩家产生愉悦感。徽章的魅力并不在于徽章本身，而是它背后所包含的情感，它在很大程度上所满足的是人们的成就感、自豪感、征服欲。

勋章是授予有功者的荣誉证章或者标志，在古代欧洲，为了区别在战场上的骑士，一项名为勋章的标志制度得以发展。每一个贵族都会设计出一个独特标志，制作在他的盾牌、外衣、旗帜和印章上。上面这段话有三个词语是重点，有功者、荣誉、独特标志。有功者反映了勋章不是每个人都能获得的；而荣誉则反映了勋章是荣誉的象征，能带给获得者精神上的满足；独特标志则区分了获得者与其他人。

我国史书记载，秦军打仗时，经常是光着膀子，拿着短剑，左手提人头，右臂夹俘虏，以这样一种生猛的战斗方式追击敌人，其勇猛程度可想而知！秦国军队中的战士凶猛如虎狼，在春秋战国乱世中几乎少有惨败，军队成长速度和国土扩张速度让人瞠目结舌，因此秦军被称为"虎狼之师"。秦国士兵之所以会这样，与秦国的激励制度有关，这个制度的设计师就是商鞅，商鞅变法使大秦帝国的军队成为虎狼之师，逐一歼灭各个诸侯国，最终实现了统一。

在商鞅的激励体系中，最为核心的就是二十级军功爵位制。商鞅变法后，秦国的将士们凭借军功即可封爵，负伤还有补偿，秦国的兵卒也是按照斩杀敌人的数量来获得封赏，所以秦国的军队有动力，只要拿着人头立了功，就能够升官领钱，俘虏擒回家就是自己的家奴，将士们靠英勇杀敌就能有吃、有穿、有地位，因此秦国的军队只要一听说要打仗，那是格外的兴奋与激昂。

如果从游戏的角度来看，商鞅设计的二十级军功爵位制，有点打怪升级的味道在里面。从踏上战场就开始进入游戏的角色，在战场上砍下敌军多少个脑袋，可以从一级变成二级，再砍下多少个脑袋，就可以从二级变成三级。如果你立了功，你可以再往上升，最大可以晋升为国家领导干部，这让很多贫下中农有机会翻身农奴把歌唱，可以改变自己的命运，让秦国士兵充满斗志！

我们再来看看网络游戏《王者荣耀》是如何设计勋章等级的。

表 6-4　《王者荣耀》勋章等级设计

积分	勋章等级
荣耀战力 1000 分以上	初级荣耀（区级）
荣耀战力 2000 分以上	中级荣耀（市级）
荣耀战力 3000 分以上	高级荣耀（省级）
荣耀战力 4000 分以上	国服最强（全国）

下表是我们一家学员企业（互联网公司）设计的学习力等级勋章。

表 6-5　某公司勋章等级设计

积分	勋章等级
学分 100 分以下	学渣
学分 100 分以上	学兄
学分 200 分以上	学霸
学分 300 分以上	导师
学分 400 分以上	教授

（3）什么是游戏的排名？

排行榜一般基于某种积分或进度的累积，希望把付出了努力获得较高积分的人展示出来，以示表彰、认可和激励。排行榜可以让玩家看到他人的成绩及自己在排行榜中的位置，了解自己与顶端的距离，是有效的激励机制。

美国连锁零售商塔吉特设计了一款游戏，使塔吉特超市里的收银员看似和其他收银员没有什么区别，但他们的结账速度却是其他收银员的5～7倍。奥妙之处在于，该游戏让收银员每结完一单都能从电脑屏幕上看到自己的结账时间在所有收银员中的排名，排名和当日奖金额度挂钩，日清日毕。此款游戏的设计改变了计薪模式，增加了工作的有趣性，收银员的工作积极性由此提高，结账时间也大大缩短。

2. PBL 理论在积分管理中的应用

有这么一则故事。有一位亿万富翁，想安度晚年，他没有亲人，只有一个做医生的远房侄子。侄子一直对他很好，他想自己过世后可以把财产留给侄子，侄子也会更好地照顾他。他如实地把想法告诉了侄子。果然，侄子很高兴，随后就增加了给他检查身体的频次。没想到就在他为自己的做法暗自得意的时候，一个老朋友告诉他，他侄子这么做是想看看他是不是得病了，得病就高兴呢！"啊？原来是巴不得我得病，好早点继承遗产啊！怪不得每次检查时的眼神有点怪怪的！"亿万富翁思考了一下，发现自己的激励方法有问题。于是，他打电话给侄子说："我们改变一下规则，我已经通知了我的律师，财产不一次性给你，这样，从今天开始，我每活一天，你就继承 200 万元。"侄子随后更增加了给

他检查身体的频次。但不同的是,再也不希望他得病了,看他的眼神也亲切多了,还想方设法为他均衡营养,因为能让叔叔多活一天,他就多得 200 万元!从此,这位富翁过上了舒适、祥和、愉快的晚年生活。

我们从这个故事中,能够感悟到什么呢?同样是把财产给侄子,激励方法不同,效果也大相径庭。

早在 2012 年,企业人口红利就逐渐消失,但管理红利依然长期存在,要想向管理要效益,就要转换管理理念与方式,设计、实施多元化的激励模式,不断探索、尝试、完善新模式及新方法。

目前,"游戏化"作为一种全新趋势,正在客户管理、营销、培训、考核等多个领域开疆拓土,加之玩游戏是人类的天性,游戏化管理完全可以适应新时代员工的需求,企业可以充分运用游戏化的思维模式和逻辑机制来激发员工的工作积极性,改变其行为方式,达成预期的管理目的。

例如,较早在国内实践积分管理的企业之一的盛大网络,推行的是经验值管理模式,什么时候给员工晋升和加薪,由"经验值"说了算,级别到了就自动得到晋升或加薪的机会。2009 年,仅在第三和第四两个季度,盛大员工有接近 2000 人的经验值达到了晋升标准,而通过"游戏式管理"系统自动晋升而加薪升职,不必经过领导的批准。在传统管理中,员工的加薪、晋升需由老板或管理者决定,但在盛大,要靠看得见的"实力"说话。脸书的游戏化绩效管理模式、惠普的游戏化销售绩效管理模式等均是成功的典范。

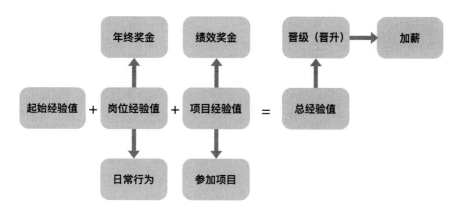

▲ 图 6-7 经验值管理模式

　　我们再来看看新生代管理的标杆企业——罗辑思维，是如何管理员工的。

　　为了促进员工之间更好协同，罗辑思维通过在线系统在内部发行数字积分——节操币，这是罗辑思维的内部虚拟货币，其本质就是积分打赏。每个员工每个月有 10 张节操币，这 10 张节操币不能发给自己，可以发给帮助过自己的同事，通过节操币的给予，实现点对点的即时激励，倡导员工心怀感恩，对员工之间的协作给予正向鼓励和及时反馈。罗辑思维的一张节操币相当于 25 元人民币，员工收到的节操币越多，获得的奖金越多。同时，在公司内部也有一个 PK 排行榜，"月度节操王" "季度节操王" 和 "年度节操王"。每年收到节操币最多的节操王，会获得年底多发三个月月薪的奖励。所以，每个人都能看到一个公开的数字，这个节操币的发放情况，反映了每个人与他人协作的水平，是一张张真实的选票。很少收到节操币的人，一定是协作水平和态度比较差的，公示制度会让他们感受到强大的压力。大部分人会很快自觉改善一些不良行为，或者离开公司。

　　节操币制度在罗辑思维的社群里有很多变形,很多公司都在尝试,而且在千人规模的公司,也仍然是适用的。他们的这种创新之所以格调比较高,可能是因为节操币虽然是公司发出的,却在被二次传递。员工也许不在乎这笔钱,但是非常在乎排名,唯有协作才能达到个人利益的最大化。这可能会让团队里单打独斗的个体联系得更加紧密,这样团队的活力和智慧才能得到更充分的发挥。

　　在罗辑思维,每一个员工都以获得更多的节操币为荣,获得经济利益的同时也获得了精神的正向激励和反馈。罗辑思维的节操币系统规则如下。

　　第一,透明规则:每个人送给别人的节操币一定是公开透明的,降低徇私舞弊发生的概率。

　　第二,赠送规则:每个月都可以赠送节操币给帮助过自己的同事,但是不能赠送给自己,必须公开赠送给小伙伴,而且要进行公示,你为什么要把节操币送给他,说明具体原因,例如,他工作努力,他很友善,他写段子很棒,他总是帮同事买咖啡……

　　第三,兑换规则:节操币可以兑换成实际的商品和在指定商家进行消费,但是不能兑换成钱。

　　罗辑思维在设计、应用节操币的时候,或许没有意识到他们正是利用了游戏化原理,达到了横向协调配合,激活员工并进行自驱管理的目的。节操币在游戏化里是点数,而月度节操王、季度节操王和年度节操王则是勋章,节操币定期的公示则是进行了排名。

　　参加我们的《让贡献说话:游戏式积分管理》课程的学员企业,有的运用课堂上老师讲授的游戏化原理,在企业落地实施了地摊积分。所谓的地摊积分,是指员工可以用自己的积分兑换别人的物品,但是在兑换之前建立了一个兑换规则，比如你的积分排名在后十名，你就没有权利在积分软件中进行兑换，软件系统对你积分的应用做了限制；如果你的积分排名比较靠前，家里有电脑等闲置物品，就可以把图片上传到软件里，并标明多少积分或者金额可以兑换，其他人看到后就可以自由兑换了。但是以物换购积分时，你的积分只能作为消费积分，否则就会产生徇私舞弊的现象。

还有的学员企业每季度和重大节假日，都会在线上和线下举行竞拍，公司调研后会购买员工感兴趣的商品（激励物）用来竞拍，事先标明拍品的底价（积分），每次举牌50积分，每次竞拍竞争都异常激烈。在竞拍前要建立规则，有权利参加竞拍的人都是积分排名不低于前80%的人，也可以依据组合积分排名的方式确定参与人员。比如，依据A分（制度分）＋C分（绩效分）+D分（贡献分）的值进行排名，确定参与竞拍的入围资格。总之，排名的方式多种多样，灵活组合，既增加了趣味性，又利用排名进行了激励，让没有资格参加的人突然"压力山大"。

3. 积分结果应用的范围

当今中国企业，在有关借鉴、优化、应用游戏化的思维设计员工激励体系方面，还需要不断学习。

企业给员工提供的福利内容，不是给政策制定者自己想要的，而是给员工想要的。我们经过多年的咨询和实践，总结出积分结果的七大应用范围，供大家借鉴。

（1）生活待遇激励

➤ 员工宿舍、夫妻房分配

对于达到一定积分额度的员工，可以根据积分排名分配给员工宿舍，排名在前面的可以分配单间或双人间，在公司有条件的情况下，可以分配夫妻房。该激励方式一般在生产等一线员工中实施。

➤ 食堂打饭优先通道

有条件的企业，在食堂可以专门为积分排名靠前的员工开辟一个优先通道，这些员工打饭不用排队。这样操作，会让其他员工投以羡慕的眼光，激发大家挣分的意愿。

➤ 工服颜色、佩戴徽章

为积分排名靠前的员工定制不同颜色的工服或者设计有特色的徽章。

➤ 公司重大活动坐前排并有专属座位

公司年会等重大活动现场，为积分排名靠前的员工安排前排专属座位，与公司领导一样，制作座位牌。

➤ 专属车位

有一些企业停车位特别稀缺，可以为积分排名靠前的员工安排专属车位。

以上各类生活待遇类激励手段，可以根据企业的现状进行设计和安排，在投入资源可调配、简单易操作的情况下，员工关心什么，想得到什么，就设置什么，让员工感受到被尊重和被别人羡慕的眼光。

（2）旅游活动激励

公司可以根据积分排名或以积分兑换的形式为员工提供带薪旅游活动，如省内旅游、省外旅游、国外旅游活动。一般情况下，很多公司会根据排名或额度享受不同的旅游线路。我们有一个学员企业，以前每年都有旅游活动安排，在学习完积分后，他们在旅游活动上进行了一个小创新，在这里分享给大家。

企业人力资源部规划了四个目的地，第一个目的地全员都可以去游玩。当第二天早上大家洗漱完毕，要赶往第二个目的地时，不是所有人都可以去的，有一部分积分较低的人员就不能前往第二个目的地，得"打道回府"，另外一部分人前往下一个目的地。在户外场地站成两排，继续前进和"打道回府"的分别站成两排，双方握手、相互拥抱，送别第一批启程回公司的人。按照此种方式，最后一批达到最后一个目的地的人员，拍个小视频，大家齐声说道："家人们，希望下次在最后一站遇见你，加油哟！"拍完就发到公司群里，没有到最后一站的员工还是受到刺激了，很多员工在私下告诉人力资源部，下次一定要争取到达最后一站，这也是面子问题。

（3）弹性福利激励

➤ 积分兑换各种精美礼品

很多公司在制定积分标准时提前考虑兑换比例，有的公司制定 1 分 =1 元，有的企业制定 20 分 =1 元，这种方式映射在员工的思维里还是在挣钱，而且预算总额不易控制，对企业成本影响很大。我们建议企业在操作时，结合运行情况，在一定周期内，预算一定周期内的分数总额，根据福利预算再计算兑换比例。根据兑换比例和商品市场价格，转换成需要多少分进行兑换。

企业在实际操作中，可以将小额度礼品多设置一些，降低兑换门槛，如一瓶可乐、一包洗衣粉、一盒牙膏，这样员工在短周期内用积分就可以兑换，让员工真正相信用努力付出的贡献能够换回真真实实的物品。企业不要把高价值的物品设置过多，低、中、高价值物品的比例越来越小比较合适。

➤ 个性化定制礼品

为积分排名靠前的员工定制专属礼品，根据不同场景和预算进行定制。其实不一定是价格贵的，最重要的是要能让员工感受到自己被重视、被在意。笔者曾经参加一个 DISC 认证班，在课程结束后，主办方为每一个学员发了一张照片，是由摄影师抓拍的这名学员在课程中有精彩表现的时刻。同时每个组的带教为每个学员准备了一张手写明信片，上面会写一些鼓励的话。这让笔者备受感动，从事咨询培训行业这么多年，参加过很多培训，也组织过很多培训，在收到礼物的那一刻，笔者感受到主办方对学员的重视，也非常惊喜。照片加上明信片的成本不足 10 元，却让笔者感受到了主办方的用心，他们的真诚令人感动。所以，一份诚意十足的礼品与价格无关。

另外，礼品不一定是发给员工本人，也可以发给员工的配偶或者父母。我们有一个学员企业，在中秋节快要到的时候，为积分排名第一的员工父母准备了一盒月饼、一本员工在工作中精彩瞬间的影集和一封信。大家可以从信件的内容中感受一下公司的真诚。

尊敬的××的爸爸妈妈:

你们好!

我是××公司的董事长，今天非常开心也非常荣幸能够跟叔叔和阿姨进行书信交流!

此刻我无比感谢叔叔和阿姨培养出这么优秀的儿子，我更骄傲××能在我们××公司拼搏奉献，突破了公司产品研发技术瓶颈，开创了一条新的技术路径，为公司开拓市场做出卓越贡献!

××对工作认真负责，做任何事情都很细致，执行力非常强，善于思考，公司的很多技术和产品研发任务都是在他及他带领的团队合作下完成的! ××主动进取，会主动替上级分担压力，对他的下属更是倍加关怀，为公司培养了一支能打胜仗的研发团队！公司员工对××的评价非常高：他不仅工作能力强，而且脚踏实地、积极进取、为人谦卑、乐于助人！很多客户对××的评价更是了不得，没有他解决不了技术难题！××公司取得今天如此好的成绩绝对要感谢××的努力付出，更要感谢的是叔叔和阿姨从小对××细心的栽培和教育！

2019年，公司要达成50%以上的业绩增长，实现闯进行业前三的近期目标，用3～5年实现行业领导者的伟大壮举！这就离不开全体员工，特别是××的辛勤付出，我给二老报告一下我们公司培养人才的三大战略。

第一，运营机制。我们一直以来都以上市公司标准规范公司的发展！我们的目标就是成为行业领导者，成为一家具有社会价值和意义的上市企业！成就客户，成就员工！

第二，薪酬机制。我们秉承不让"雷锋"吃亏，薪酬激励向奋斗者和贡献者倾斜的原则，让奋斗者享受最好的福利待遇是我们一直奉行的理念！

第三，员工成长机制。我们公司最大化帮助每位员工实现自己的职业梦想，给员工提供职业发展所需要的成长计划和学习机会，实现职业发展，让员工过上幸福、快乐的生活！

叔叔阿姨，最后给你们透露一个好消息，××已经被公司颁发"研发匠人"荣誉称号，他带领的团队获得了"优秀部门"奖，他本人获得了"年度优秀管理者"奖。下次你们通电话时，可以分享一下这份收获与喜悦！

××一直跟我们分享他有一个伟大的目标，那就是：成为家族的骄傲！他说他为了让父母和家人过上好生活，愿意比身边的同龄人更努力，更加严格地要求自己！××一直有一个心愿就是带二老去北京看升旗，我代表公司邀请二老在8月初与我们一起在北京看升旗并尽情享受5天的旅行，所有的费用由公司承担。

最后，我代表公司再次感谢叔叔和阿姨为我们培养如此优秀的人才，通过您儿子××之前在公司的优秀表现，他已经列入我们重点培养的对象。我们坚信××如果继续发扬优点，加强学习，未来一定能够承担公司赋予的更大责任，为公司创造更大的价值贡献！叔叔阿姨，让我们一起为××祝福吧！相信他在公司这个平台一定会取得更大的成绩！

我随时欢迎叔叔阿姨前来公司做客！祝叔叔阿姨身体健康、万事如意、天天开心！

➤ 员工专属礼品

针对公司特别强调的积分项目，可以设置专属礼品。例如，公司鼓励员工提出合理化建议，可以设置专属礼品，与合理化建议这个积分项目进行关联，当总积分达到一定数值时，合理化建议积分项目排名靠前的可以兑换专属礼品。

强调什么，关联什么，员工就会关注什么，员工不会做你期待的事，员工会做与自己利益相关的事，用利益机制牵引员工做公司想要的事是企业管理的趋势。

➤ 积分兑换假期、迟到券等

我们有一个客户企业，有男性员工反馈自己的孩子上学，下午学校放学很早，每天由妻子接孩子放学，但总会有特殊情况，需要自己去接，请假吧，领导会有意见——这点小事都搞不定，还能干什么大事；不请吧，对妻子不好交代——孩子又不是我一个人的。这令一些员工左右为难，事业和家庭难以平衡。企业在启动积分项目时，就提出一项兑换政策：早退券（2个小时）。这项政策一推出得到了很多员工的青睐，不仅是接孩子放学，家里有个特殊事情，都可以用积分进行兑换，提前请假即可，不用扣工资，不影响全勤奖，不影响绩效奖。

企业可以结合企业性质和员工特点，制定针对性政策，如迟到券、儿童节放假一天、脱单节放假一天、例假期放假半天等福利政策，员工可以用积分进行兑换。在制定兑换比例时，企业可以模拟计算其价值，一般情况下，比实物的兑换比例要低一些，如实物是 50 分 =1 元，这些政策的兑换比例可以是 30 分 =1 元，甚至可以更低一些。

（4）精神需求激励

➤ 勋章等级

大家可以看一下自己的购物、新闻网站等互联网产品个人中心，很多平台都根据自身所需要倡导的方面给予用户以积分奖励，达到一定分数后就会获得相应的勋章等级，包括游戏也一样，过五关斩六将达到一定级别就可以获得对应勋章。

回到企业，我们可以进行类似设计，在员工获得一定的分数时给予晋级激励，颁发勋章，让他感受到经过努力奋斗，分数在变化，自己的级别和勋章都在变化。这种设计还为员工设置了挣分的目标，在什么时间晋级，能拿到什么勋章，这既是游戏化设置，也是对员工非常好的精神激励措施。

在不同的企业，管理者可以根据各自的企业文化设置不同的勋章等级，给不同的等级进行个性化命名，命名时也不一定按传统的方式，可以结合一些新时代员工的偏好进行命名。表 6-5 是一家企业结合游戏中的一些名称进行排名的，供大家参考。

表6-6　某企业勋章等级个性化设计

勋章等级 / 星级	英雄兵王	传奇勇士	超级先锋	无敌战神	荣耀王者
一级	10000	15000	20000	25000	30000
二级	35000	40000	45000	50000	55000
三级	60000	65000	70000	75000	80000
四级	85000	90000	95000	100000	105000
五级	110000	115000	120000	125000	130000

➢ 流动红旗（黑旗）

我们常常在企业内部看到这些有意思的场景，交旗团队的员工舍不得把流动红旗交出去，经常会找各种说法，就是不情愿把象征荣誉的旗子交出去。

再放我们这一个月嘛，就再放一个月嘛！

没有，什么旗子？我们找不到了，忘记放到哪里了。

我们把旗子挂高点，挂到天花板上，他们来收的时候就拿不到了。

我还会再拿回来的，下个月见。

上面这些话是不是很耳熟，一面流动红旗也是一面最强战旗，它承载的是一个团队的荣誉，但它会被交给次月的精英团队，旗在哪里，代表最优秀的团队就在哪里。流动红旗也是一份沉甸甸的责任，它是团队汗水与艰辛的凝聚，是一份金光闪闪的荣誉，它展示着大家努力的成果和丰硕的成绩。下面是一家企业内部争夺流动红旗的宣传语。

夺！战鼓声声齐奋进，我不拿旗谁来拿！

守！锦旗猎猎励斗志，旗落我手休放走！

战火已燃，看旗落谁手！

再苦再累，勇者无畏！

上面的宣传语还是很有气势和影响力的。有些企业不仅有流动红旗，还会有流动黑旗。在我们一个学员企业里面，非常强调荣誉激励，每一个销售团队都进行竞争，每个月度积分前三名的部门奖励红旗，发象征性的奖金，团队成员上台领红旗的时候个个脸上笑开了花；对于积分排后三名怎么办？就奖励黑旗，员工和领导一起上台领黑旗，发表感言，在领黑旗的时候还要象征性地罚款，罚1元钱，这对于员工来讲就是荣誉激励的负向激励。当员工和领导领回来黑旗的时候，这面黑旗就挂在办公室里，所有员工看到黑旗的时候，都在想我们下次应该打个翻身仗。部门负责人在开会的时候，也会号召团队一定要把这面黑旗变成红旗。

➤ 优秀部门、优秀员工等荣誉称号和荣誉证书

一到年底，很多公司都会评选优秀部门、优秀员工，但是这也给人力资源部门带来了烦恼，到底怎么评选？用什么标准？除了绩效考核结果还要参考哪些因素？下面看一下某公司发布的优秀员工的条件和标准。

品行端正，爱岗敬业，工作积极主动，具有良好的团队合作精神；

遵守公司各项规章制度，在日常工作和生活中起到模范带头作用；

业务素质和技能水平优良，积极上进，善于学习，在本职岗位上发挥重要作用，出色完成本职工作任务；

在公司经营管理、安全、节能等方面主动提出合理化建议，为公司创造良好效益或在其他方面做出了突出贡献。

评选过程一般是主管推荐、上级审核，公司组成评选小组进行评选。但如果就上面的评选标准，主管也会很痛苦，到底推荐谁、不推荐谁，左右为难，有的部门甚至会选择由几个员工轮流坐庄。

现在有了积分就不一样了，可以用积分结果进行评选，直接排名或者积分捆绑式排名均可以用数据体现，对入选人员再做一个综合评选即

可，大大减少了各级主管的烦恼，没有评上的员工也会心服口服。对真正优秀的员工的即时认可和激励是管理者必须完成的功课，如果这种评选过程有失公允，长此以往，公司的文化氛围也会变味，优秀的员工也会流失。

利用积分结果评选出的优秀员工和优秀部门，实至名归。在颁发获奖人或者团队荣誉称号时，对优秀员工可以以荣誉证书或奖杯的形式发放，对优秀团队可以是锦旗或者奖杯形式。发放荣誉的时候，企业需要让过程具有仪式感。让我们来回顾一下 2020 年度感动中国十大人物其中 5 位的颁奖词。

张定宇——宇定光自发

步履蹒跚与时间赛跑，只想为患者多赢一秒；身患绝症与新冠周旋，顾不上亲人已经沦陷。这一战，你矗立在死神和患者之间；那一晚，歌声飘荡在城市上空，我们用血肉筑成新的长城。

陈陆——男儿付死生

最先出发，最快抵达，为危难的乡亲奉上最好的年华。欠身体一台手术，欠妻子一个告别，欠父母一次团圆。洪水汹涌，你是浪尖上的逆行者，大雨过后，你是天空中灿烂的霞。

张桂梅——素心托高洁

烂漫的山花中，我们发现你。自然击你以风雪，你报之以歌唱。命运置你于危崖，你馈人间以芬芳。不惧碾作尘，无意苦争春，以怒放的生命，向世界表达倔强。你是崖畔的桂，雪中的梅。

万佐成、熊庚香 —— 炊香万灶烟

微弱的灯，照亮寒夜的路人；火红的灶，氤氲出亲情的味道。这陋巷中的厨房，烹煮焦虑和苦涩，端出温暖和芬芳，惯看了悲欢离合，你们总是默默准备好炭火。

谢军——北斗灿繁星

滴答，滴答，中国在等待你的回答。你的夜晚更长，你的星星更多，你把时间无限细分，你让速度不断压缩。三年一腾飞，十年一跨越。当第五十五颗吉星升上太空，北斗，照亮中国人的梦。

看完上面的颁奖词，相信大家都会被震撼、被感动，心中充满感动的力量。这样的颁奖词让我们相信获奖人实至名归，也更加相信有这么多人在无私奉献，更加相信世间的美好，激励着我们每一个中国人。

在企业也一样，如果颁发荣誉，让员工上台领奖，整个过程平平淡淡，既不能更好地激励获奖人，也不能有效感召其他员工向优秀员工学习。所以我们在颁发荣誉时一定要感同身受，树立榜样，形象生动地描述员工的贡献。虽然我们可能无法写得像感动中国的颁奖词那么高水平，但至少要让员工感受到公司的真诚、努力和用心，而不是随意颁发一个不那么重要的奖项。下面看一下笔者曾经工作的一家企业在年度会议中对优秀干部和员工的颁奖词。

杰出经理及先进集体颁奖词：

他们卓越经营、锐意变革，他们关心下属、勇于担当，他们是企业200多名干部的杰出代表。他们带领的团队富有战斗力，充满激情，不畏艰难，用智慧和力量开拓事业；他们努力拼搏，不断创新，各项工作都取得了显著成绩，为公司的发展做出了重要的贡献。

杰出经理：××

在××中心有这样一名大区经理，他，坚忍不拔，带领着大区永远走在模式变革的第一线。

他，励精图治，改变了销售业绩停滞不前的窘境；他，奋勇进取，实现2018～2019财年业绩翻番，更是在2019～2020年，仅用半年的时间就达成全年发货指标的110%，发货共计7000万元的骄人业绩！他就是××营销中心××大区大区经理 ——××！

杰出经理：××

她10年来一直是业务骨干，她在不断学习和实践中提升自己，不断挑战新的高度。作为一名产品经理，她负责的××产品连续6年50%以上复合增长，成为区域客户指定购买的第一品牌；她负责的新产品××当年销售过千万；她领导的部门，业绩一直高速增长，她的团队，业务能力大幅提升。她，就是××产品部经理——××！

杰出经理：××

他，积极践行公司的干部精神，贯彻公司全员营销的理念"走向前端，服务营销"；

他，带领团队积极探索适合企业的计划管理模式，推动企业计划管理模式成功转型；

他，配合公司，快速响应营销，推动固化全品安全库存＋订货点法，为2019年计划服务营销打下了坚实的基础。他就是来自供应链系统计划部经理——××！

企业十佳员工颁奖词：

他们是先进中的标兵，是标兵中的旗帜。他们把自己的工作当成一种神圣的使命，即便是最普通的一个岗位，也能够以最高的标准，展现自己的人生价值，让青春无怨无悔，让人生绽放光芒！他们是岗位英雄，是我们学习的榜样和楷模！

十佳员工：××

在 2019 年 8 月，他荣获了营销中心的"铁靴奖"，靠的是勤奋进取，积极向上的工作热情，更是凭着奋勇拼搏、兢兢业业的工作态度。

在 2019 年，他取得了年度发货达成 380%，回款达成 385% 的优异销售业绩！对于这份翻两番超额完成全年销售任务的成绩单，用两个字来形容，那就是：给力！

他，就是××营销中心××大区××分区业务代表——××！

十佳员工：××

他是敢于担当的变革先锋，带领分区团队超额完成分区指标：发货达成率为 180%，回款达成率为 160%，高居营销中心榜首；他是一名合格的好师傅，勤奋好学、团结同事，培养下属，分区内的所有小区在 2019 年均完成任务指标；他也是客户的"及时雨"，4 年的销售经历夯实了他的产品和应用知识的基本功，给零售店和客户提供整套的应用解决方案。他，就是营销中心××大区××分区分区经理——××！

十佳员工：××

他是一位来自安徽农村的勤劳、踏实的小伙；他加入公司 3 年时间里，用他的刻苦和好学，终于破茧成蝶。

2018 年，他带领着小组，致力于原料上游市场与成本结构的研究，为公司战略采购控制成本达 1000 多万元；

2019 年，他和小组辗转内蒙古、宁夏、山东、河北、江苏等地，走访国内上游厂商近百家收集情报，为 20 年的采购决策打下坚实基础；

2019 年，他和团队一起开源节流，积极展开原材料外卖业务，实现销售毛利近千万元；

他就是供应链系统采购部主管——××！

十佳员工：××

身为男子，心细如女子，一张张报表、一个个报告、一份份备案、一声声叮嘱……都从他的手没有任何偏差；紧跟的事，没有结果，决不放过，坚毅、责任和谦逊是他最好的品质；无论多忙，事多杂，他的脸上永远挂满了招牌式的微笑，给你的是信任和温暖。他就是总经办秘书——××！

……

上面这家企业的年度优秀干部和员工的颁奖词可能不是那么完美，但一定是公司深入挖掘员工的故事后写出来的，这个过程对于员工来说也是一种认可，值得企业借鉴。另外，员工接受颁奖的照片可以参考上文中的方式寄给亲人，让亲人一起分享员工获奖的喜悦。

精神激励大部分是正向激励，有时企业也可以采用负向的激励方式，但是这种形式不能经常做，而且做的时候一定不能侮辱员工人格。华为就采用过这种负向激励方式，如下所述。

从零起飞奖：2013 年 1 月 14 日，在"优秀小国表彰会"上，华为对取得优秀经营成果的小国办事处进行了隆重表彰，另外还设计了一项特殊的奖项——从零起飞奖。获奖人员的 2012 年年终奖金为"零"，原因是 2012 年企业网业务和消费者终端业务没有完成年度目标，奖品是中国首架舰载战斗机歼 -15 模型，寓意深刻。

呆死料奖：2000 年 9 月 1 日下午，在深圳市体育馆，华为"研发体系发放呆死料、机票活动暨反思交流大会"召开。大会将过去几年主要因研发人员工作失误而产生的呆死料，以及不少研发、工程技术人员因此而奔赴现场"救火"的往返机票打成一个个"包"，作为特殊"奖品"发给相关产品的负责人。

➤ 小创新、小发明以员工名字命名

在海尔冰箱厂，就有以操作工高云燕命名的"云燕镜子"。这位女工负责给电冰箱门体钻孔，以前钻完后需要把门体翻过来，才能知道孔眼钻好了没有，既制约操作，又影响质量和效益。后来，她在钻台前面放置了一面镜子，操作时可以清楚地观察到钻孔情况，大大提高了加工质量和进度。仅在海尔冰箱公司，这种以员工名字命名的小发明就有很多项，如为方便操作、防止霜按钮极易脱落难题而发明的"晓铃扳手"，为方便操作、防止烧坏冰箱压缩机漆面而制造的"启明焊枪"等。凡海尔集团内员工发明、改良的工具，如果明显地提高了劳动生产率，可由所在工厂逐级上报厂职代会研究通过，以发明者或改良者的名字命名，公开表彰宣传。

海尔不断探索各种精神激励措施，是中国第一个以员工名字命名创新成果的企业。现在很多企业都在学习海尔这种做法，还没有应用的企业可以尝试。员工获得积分的同时，给予这样的"命名权"，既是荣誉，也是对员工的高度尊重，激励效果十分显著。

➤ 照片上墙（公示栏进行海报张贴）

在企业的办公空间的空白墙和走廊的空白墙上，可以制作优秀员工照片墙。每个公司都可以创建优秀员工照片墙，表彰先进员工，弘扬优秀的企业文化，不断增加员工的归属感和自豪感。企业在实际操作中可以正向宣传，也可以以正负相结合的方式进行宣传。下图是一家学员企业设计的照片墙，供大家参考。

▲ 图6-8 照片墙示例

➤ 重大会议进场有专人陪伴，安排专门座位

企业举行重要活动时，让积分排名靠前的员工有专车接送，专人陪伴进入会场，安排专座，可以比公司高层领导的礼遇都要高，用这种小措施，会让员工真正相信公司以奋斗者和贡献者为本的人才观，更加愿意去奋斗、去奉献，没有后顾之忧。

➤ 单项奖

企业各个部门可以根据业务需要向公司统一申报设置单项奖，并配置对应的积分进行奖励。例如，某些企业的研发部门设置技术攻关能手、最佳专利、新锐产品、物料成本降低奖等；某些企业销售部门设置销售冠军、回款冠军、增长冠军等；某些企业生产部门设置技能大赛冠军、火眼金睛奖、金算盘奖等。

同时企业可以根据积分项目，按照排名设置单项奖，再次奖励相应积分。例如，考勤积分排名靠前的设置小蜜蜂奖；导师项目积分排名靠前的可以设置最佳导师；合理化建议积分排名靠前的可以设置智多星奖；推荐人才项目积分排名靠前的可以设置伯乐奖；企业文化积分排名靠前的可以设置文化先锋奖等。

有些企业担心设置这么多奖项会不会有问题，担心员工没有兴趣，或者起不到激励效果。其实企业的这种担心是多余的。奖项越具体越好，这就是导向，设置这些奖项表明企业关注这些，希望员工在这些方面做出贡献，并会对做出贡献的员工给予积分认可，这样员工也会跟随企业的方向而努力发展。同时，企业还可以对这些项目积分排名靠前的员工颁发奖项再次认可，进一步强化公司的积分导向。

（5）资格晋升激励

➤ 成为股权激励对象

企业在做股权激励时可以设计在员工积分额度达到一定数值后，方可成为股权激励对象。在这里可以根据员工累计全部积分来评价，全部积分可以反映该员工在企业从入职到现在的所有贡献值，也可以按照捆绑操作的思路，工龄积分、文化积分、绩效积分和贡献积分达到各自对应的数值后，方可成为股权激励对象，这样的操作反映公司看重这几个方面。具体捆绑哪些积分项目，企业可以根据实际情况灵活设置。

积分结果不仅能筛选激励对象，而且可以在股权定价方面做差异化处理，可以根据积分排名不收、少收、足额收股权款项。

➤ 事业合伙人升降级资格

企业可以根据员工当年度积分排名及各类积分数值，制定事业合伙人资格的升降级规则，如表6-7所示，这种设计让激励对象不敢懈怠，不能想着已经具备相应资格就可以放松、坐享其成了，必须在下一周期内继续创造价值贡献，挣足积分才能够晋升或保住当前的资格。同时也让员工看到希望，达到多少就可以晋升到上一级，晋升到上一级就可以享受其他激励。

表6-7 事业合伙人升降级资格

合伙人类型	合伙人定位	晋级标准	事业合伙人物质与精神激励模式			事业合伙人短、中、长期股权激励模式			
			年终奖金	调薪	弹性福利	众筹股	增值权股	期权	实股
资深合伙人	长期奋斗者	积分排名/绩效积分/贡献积分/文化积分	√	√	√	√	√	√	√
高级合伙人	奋斗者	积分排名/绩效积分/贡献积分/文化积分	√	√	√	√	√	√	

表 6-7 续表

合伙人类型	合伙人定位	晋级标准	事业合伙人物质与精神激励模式			事业合伙人短、中、长期股权激励模式			
			年终奖金	调薪	弹性福利	众筹股	增值权股	期权	实股
中级合伙人	贡献者	积分排名/绩效积分/贡献积分	✓	✓	✓	✓	✓		
初级合伙人	一般工作者	积分排名/绩效积分/贡献积分	✓	✓	✓				
新进员工		/			✓				

（6）物质待遇激励

➤ 年度调薪

应用积分排名进行调薪，参考如表 6-8。

表6-8 应用积分调薪

积分等级	卓越	优秀	合格	需改进	不合格
等级符号	S	A	B	C	D
积分排名	前10%	10%～20%	20%～50%	后10%～20%	后10%
年度调薪幅度	升3级	升2级	升1级	降1级	降2级
备注	公司或者部门人数较多时，可根据积分排名百分比来确定加薪幅度，如公司排名、中心排名、部门排名、班组排名等。				

➤ 季度、年度奖金

有两种设计思路，具体如下。

第一种：按照积分额度直接计算。

根据奖金总额和部门员工的积分值进行计算，个人奖金＝部门奖金包总额×80%×（个人积分额度÷部门每个人的积分额度之和）。其中部门奖金包剩余20%由部门主管进行分配或者留作部门下一年度活动经费。

第二种：按照积分排名确定系数后间接计算。

根据奖金总额和部门员工的积分值进行计算，个人奖金＝部门奖金包总额×80%×［个人积分系数×岗位价值系数÷（部门每个人的积分系数×岗位价值系数之和）］。其中部门奖金包剩余20%由部门主管进行分配或者留作部门下一年度活动经费。岗位价值系数参考职位评价结果，积分系数根据积分排名进行设计。

表6-9 积分排名与积分系数

积分等级	卓越	优秀	合格	需改进	不合格
等级排名	前10%	10%~20%	20%~50%	后10%~20%	后10%
积分系数	2	1.5	1	0.5	0

（7）人才盘点

在人才盘点的应用中，九宫格可以让我们直观地看到人才的位置及分布情况，所以也有人直接将九宫格称作"人才地图"。企业常用的九宫格有两种。

经典九宫格：使用绩效和能力或态度这两个维度的九宫格，是企业在进行人才盘点中常用的一种人才地图，即综合来看人才的过去和现在，推测人才的未来可能性，我们称这个九宫格为"经典九宫格"。经典九宫格比较常见，也容易操作，很多企业在业绩不理想或者人员整体胜任力不足的时候会选择经典九宫格，以快速盘点内部人员，确定下一步的行动计划。

高潜九宫格：在企业中另一种经常使用的九宫格是使用绩效和潜力这两个维度的，它适用于企业业绩比较稳定且人员的整体能力水平都不错的情况，盘点着眼于未来，目标是发现高潜人才。这种九宫格也被广泛使用，我们称为"高潜九宫格"。

无论是什么九宫格，在能力、态度、潜力的评价上还是存在一定的主观性。用积分结果进行人才盘点具有较高的灵活性，数据化程度更高，我们可以通过灵活配置积分项目，按积分项目的分层分类排名把员工放入九宫格中，再召开人才盘点会议，用数据说话，可信度更高。我们以积分排名建立九宫格为例阐述如何用积分数据进行盘点。

横轴：绩效（C1+C2+C3 分合计），不一定每个员工都有三项，可以选用其中的一项或两项，按照部门或层级进行排名，分成高、中、低三个级别，可以按照高占 20%，中占 60% ～ 70%，低占 10% ～ 20%。

纵轴：态度和潜力（C4、A、D、E 分合计），在纵轴中，企业可以根据实际盘点的需要，选择全部或部分积分项目纳入纵轴积分排名，分成高、中、低三个级别，可以按照高占 20%，中占 60% ～ 70%，低占 10% ～ 20%。

企业可以建立一个或多个二维排名，根据积分排名情况综合判断员工的状态，对症下药，也可以建立多个二维排名。下图是某企业根据积分结果建立的九宫格。

表 6-10　某企业应用积分结果建立的九宫格

绩效 / 态度和潜力	优秀 (10% ～ 20%)	中 (60% ～ 80%)	需改善 (10% ～ 20%)
优秀 (10% ～ 20%)	1 明日之星	3（B+） 当下之星 / 中坚力量	7 需改进者
中 (60% ～ 80%)	2 当下之星 / 中坚力量	4（B） 稳定贡献者	8 需警告者
需改善 (10% ～ 20%)	5 岗位英雄	6 平庸者	9 需剥离者

➤ 明日之星

1 号格子里的人员一般不超过 10%，他们的绩效表现持续超过绩效目标，态度和潜力表现都堪称其他人的榜样。智商高、情商高的业务骨干，未来可以承受更多压力，在各种岗位上的可塑性都很强。

对于1号人员未来的管理策略是:重点培养发展,制定个性化保留策略,纳入接班人(明日之星)计划,给予综合类的培训或给予更多责任,给予激励倾斜;近期可以提拔一两级,或者尽快地完成薪酬调整。

➤ 当下之星(中坚力量)

2号与3号格子里的人员整体比例一般在10%左右。2号格子的人员绩效成绩优秀,但态度和潜力中等。3号格子的人员绩效中等,但态度和潜力优秀。这两类人都是企业的中坚力量,也是需要重点培养和发展的。

对于2号人员未来的管理策略是:他们是有闪光点但也有短板的"牛人",需要3个月～1年的培养周期,可以提拔到更高一层级,给予更多的指导和评估,鼓励做岗位英雄或开发其潜能。

对于3号人员未来的管理策略是:他们是受保护的冲锋者,需要3个月～1年的培养周期,可以提拔到更高一层级,设置业务挑战目标;给予更多的要求及压力,并进行指导、点拨,帮助其提升绩效。

➤ 稳定贡献者

这部分人在企业占比多,是企业的大部分骨干人群,是长期稳定的贡献者。

对于4号人员未来的管理策略是:设置挑战性绩效目标,并重点开发、培训,以更胜任其现有职位,让其在原来的职位上获得更多进步;重点保留。

➤ 岗位英雄

能够持续达成期望的绩效目标,但潜力一般,是企业的"老黄牛",很难提升到更高职位,但也是企业不可或缺的人。

对于5号人员未来的管理策略是:培养员工忠诚度,给予更多的认可、稳定和关爱，给予合理的激励方式；配置导师，帮助其提升能力符合职位未来的新的要求；重点保留。

> 平庸者

这部分人绩效不错，能比较好地达成绩效目标，但态度和潜力都一般，工作行为上存在不足。他们一般被称为混日子、安于现状的人。

对于 6 号人员未来的管理策略是：要给这些人员业绩压力，限时改善业绩，并给予培训机会，促进业绩达标；业绩无法持续提升或有更合适人选时，可考虑调整岗位或剥离组织。

> 需改进者

他们是有个性的"新人"或不投入的"老人"，可能存在两种情况：新提拔的人才，由于在岗时间不长，还没机会做出业绩；员工做出了非常大的努力，但是由于外部客观原因没有做出业绩。

对于 7 号人员未来的管理策略是：点燃他们，分析绩效差的原因，是因为新提拔还在学习中？目前职位是否不适合他们？还是他们对职业没有兴趣？设定观察期，如果绩效不能明显提升，可以考虑调岗。

> 被警告者

这部分人有一定能力，但业绩不能达标，能力还未转化为绩效，或许是目前岗位安排影响了其能力发挥，或许是工作方法需要提升。在企业内部可能是新人或有小聪明、执行力差的人。

对于 8 号人员未来的管理策略是：给予警告，考察、分析他绩效差的原因，要求限时改进绩效，无迅速改进者可考虑剥离出组织或降级，并了解其职业兴趣，如不适合该职位，可以考虑调岗。

> 需剥离者

这部分人是问题员工，绩效和潜力都不达标。

对于 9 号人员未来的管理策略是: 分析绩效差的原因; 吸收接班人, 考虑降级或辞退。

三、积分结果应用方式总结

1. 积分消费

（1）积分直接兑换法

根据公司福利预算额度和所有员工的积分总额计算兑换比例, 如积分兑换比例为 50∶1, 相当于 50 分 =1 元, 按照福利物品的市场价格计算需要多少积分兑换即可。公司根据每年制定的兑换比例, 在员工中征求福利产品建议, 建立企业个性化的积分商城, 员工用自己的积分进行兑换即可。

（2）设置门槛进行兑换

设置一个兑换门槛, 强调企业的关注点, 再次引导员工的行为。如何设置兑换门槛需要结合企业的实际情况, 也需要结合企业员工的层级, 不能一刀切, 原则是要让各层级员工一部分人 "先富起来", "先富" 带动 "后富", 制定的规则千万不能是让大部分人都得不到, 否则也会影响员工挣分的积极性。

2. 累计奖励

当员工积分达到一定值时, 给予员工一定的奖励回馈, 鼓励员工多挣积分, 认可员工的累积价值贡献, 企业可以参考下表对企业个性化的奖励项目进行设计（员工对什么感兴趣就设置什么, 不要按自己的想法设置）。

表6-11　个性化奖励项目设计（累计奖励）

积分要求 / 设计思路	积分达到1万分	积分达到2万分	积分达到3万分	积分达到4万分	积分达到5万分
设计思路一	奖励省内旅游一次	奖励国内旅游一次	奖励境外旅游一次	报销乘坐高铁回家的来回车费，或者等值的费用	报销乘坐飞机回家的来回机票，或者等值的费用
设计思路二	可以有资格获得价值100元以内的奖品（可自选）	可以有资格获得价值500元以内的奖品（可自选）	可以有资格获得价值1000元以内的奖品（可自选）	可以有资格获得价值2000元以内的奖品（可自选）	可以有资格获得价值4000元以内的奖品（可自选）
设计思路三	可享受半天带薪假期	可享受一天带薪假期	可享受一天半带薪假期	可享受两天带薪假期	可享受两天半带薪假期

3. 排名奖励

按照员工的年度或者累计积分排名进行奖励。至于到底是按年度还是累计积分排名，可结合公司应用场景，如涉及股权激励等长期激励，可以按照累计排名，如果是年度中短期激励，可以用年度积分排名。企业可以参考下表进行设计企业个性化的奖励项目。

表6-12　个性化奖励项目设计（排名奖励）

积分要求／设计思路	排名前50%	排名前40%	排名前30%	排名前20%	排名前10%
设计思路一	奖励国内旅游一次	奖励国内旅游一次	奖励境外旅游一次	报销乘坐高铁回家的来回车费，或者等值的费用	报销乘坐飞机回家的来回机票，或者等值的费用
设计思路二	可以有资格获得价值100元以内的奖品（可自选）	可以有资格获得价值500元以内的奖品（可自选）	可以有资格获得价值1000以内元的奖品（可自选）	可以有资格获得价值2000元以内的奖品（可自选）	可以有资格获得价值4000元以内的奖品（可自选）
设计思路三	可享受半天带薪假期	可享受一天带薪假期	可享受一天半带薪假期	可享受两天带薪假期	可享受两天半带薪假期

第七章

积分管理的软件化

一、从绩效考核谈积分管理数据的采集

我们曾经到一个企业调研绩效考核实施情况，了解到这样一件事情。人力资源部绩效专员将各部门的绩效考核表和考核数据汇总起来后，上报给总经理审核，结果被总经理狠批一顿，认为其中有几项考核指标的评价存在问题，总经理说道："明明这个月已经有几个重要客户都投诉到我这里了，可是品质管理部的客户投诉指标得分还是很高，数据里也缺失了几个客户的投诉。还有生产部这个月多次向我反馈采购部提供物料不及时，影响生产，需要停换线，严重影响生产效率，但是这些数据都没有记录，为什么？"绩效专员感到非常委屈，这些数据都是各个部门之间互相提供的，双方也都签字确认了，人力资源部只是负责收集和整理，怎么可能知道每一个数据是否准确？如果人力资源部要参与所有数据的提供和审核，那需要多少专人来负责？

我们在调研时发现，有些企业的情况恰恰相反，一到绩效考核打分的阶段，绩效专员就忙得团团转，因为各个部门打分都找他要数据，甚

至有些企业干脆就是由人力资源部给各部门打分的。绩效专员为了给各部门搜集数据，就只能找这个要、找那个要，但找谁要数据对方都觉得你在影响他们工作，不是不积极配合，就是干脆推脱说没有数据，或者说应该由别的部门提供，甚至一些指标就直接填写"无发生"（如安全事故次数、发货不及时次数等需要记录的关键事件的指标等）。数据好不容易收集上来了，绩效专员还需要逐一审核和反复确认，搞得绩效专员很头大，很无奈。要是各个部门不配合，提供的数据有问题，人力资源部也很难辨识。

没有度量，就没有管理。数据是度量的基础，也是管理的基础，更是企业成功实施绩效考核和管理的重要因素。无论选择何种绩效考核模式，都需要收集、汇总、检查员工的绩效数据。绩效数据必须来源于第三方，这是客观事实，也是绩效管理的要求。各部门通常既是数据的提供方，也是数据的需求方，这样就形成了纵横交错的一张网，如果不能梳理清楚，就会存在较大问题。很多企业在推行绩效管理和考核时，由于统计绩效考核数据需要花很多时间，就会抱怨。

但是，企业不是为了绩效考核而花额外的时间记录、统计数据，而是这些数据对企业经营管理非常重要，所以被纳入了绩效考核的范畴，即使企业不进行绩效考核，这些数据也需要被收集、统计、分析，从而对经营管理的相关决策和改善行动提供依据。所以，对于管理相对完善的企业而言，各类经营管理的相关数据管理和分析相对较好，那就不需要额外增加太多的工作量；而对于管理基础薄弱的中小微企业，数据统计系统薄弱，要推行绩效考核工作，也需要花费较多的时间用在绩效考核数据采集传递系统，这其实是在补"管理欠账"，也是通过绩效考核系统反向推动企业基础管理提升，企业中高层管理者尤其是核心高层对此需要有更深刻的认识，才能坚定推进绩效考核的信心和决心。所以很多企业在推行绩效管理和考核时，应注意以下关于数据的收集和统计的具体的操作方式，以保证数据收集的及时性和准确性。

1. 明确考核数据的统计口径，避免口径不统一造成的数据误差

绩效考核数据是管理数据，经常需要在企业的会计数据、统计数据及其他原始数据的基础上进行各种计划或分类整理和调整。为此，必须对各项考核数据的计算公式、统计范围进行明确界定。比如，对于销售额统计，至少有三种口径：有按照合同额统计的，有按照回款额统计的，还有按照开票额统计的，有的还要剔除退货等因素造成的损失，所以对指标数据统计的范畴必须加以明确界定。再比如，计算生产系统人工效率时用到的产值指标，则需要在企业统计的产值原始数据的基础上，剔除委外加工产值，而平均人数的统计方法有的是首日人数与最后一天人数相加除以 2，有的企业为了更加精确计算，是计算每天的平均人数之和除以天数，不同的企业有不同的算法。有些企业关于及时的相关定义要各方达成一致意见，如检验及时性的指标，我们有一家客户是这样定义的：下午 5 点来料，当天必须检验完毕；5 点之后来料，第二天上午10 点前必须检验完毕。

2. 明确考核数据的原始出处，明确统计流程和责任，保证及时、准确统计考核数据

常见的原始数据出处有以下几种。

（1）会计数据

由于会计核算遵循国家会计准则、企业会计制度及国家财税法律法规，所以这类会计数据相对可靠。

（2）流程数据

记录在工作流程中，通过各种流程表单记录，如各类出入库单据、各类质检单据等，许多企业还有 ERP 系统或者财务信息系统，这样可以在系统中记录、保存、查询，在系统中设置统计报表，统计数据就相对及时、准确和高效。如果企业管理相对薄弱，缺乏流程记录表单，要建立完善的流程表单统计数据需要花费的时间过多，则需要评估该项绩效考核指标的考核必要性，根据紧急程度，逐步建立和完善统计流程后，再进行考核。

3. 理顺跨部门（跨岗位）的日常稽核和审核机制，减少工作失误带来的数据错误或数据作假

通过业务流程、上下级管控、内控机制等关联，建立数据的内部勾稽关系是保障绩效考核数据准确性的重要措施。比如最常见的计划仓储部门的入库数据和采购部门的采购数据之间的勾稽关系；计划仓储部门的出库数据和销售部门的销售数据之间的勾稽关系；生产部门的领料数据与计划仓储部门的出库数据之间的勾稽关系等。下表是某企业计划仓储部统计采购部物料入库及时率的指标数据流程和要求。

表 7-1　某企业物料入库及时率的指标数据流程和要求

指标名称	采购入库及时率 入库记录差错次数	数据收集责任人	计划仓储部经理 物料专员	制度流程依据	《仓库管理办法》
序号	工作内容			责任人	使用表单
1	仓库管理员在每天下班前整理《来料入库报表》，在系统里登记每一批物料入库的时间，并匹配应到料时间，记录是否及时入库			仓库管理员	《来料入库报表》

表 7-1 续表

指标名称	采购入库及时率 入库记录差错次数	数据收集责任人	计划仓储部经理 物料专员	制度流程依据	《仓库管理办法》
序号	工作内容			责任人	使用表单
2	计划仓储部经理安排物料专员每周分别对物料仓进行一次抽查			计划仓储部经理	/
3	物料专员在抽查时，须边抽边记录，核对抽查来料入库批次及不及时、批次是否与本人记录一致，如有差错在系统中将数据调整一致			物料专员	《来料入库报表》
4	对于发现异常的，物料专员要详细记录异常现象，登记在《物料抽查记录表》中，并要求责任仓库管理员或其主管当场签字确认			物料专员	《物料抽查记录表》
5	物料专员负责每月分别进行汇总计算采购入库及时率和入库记录差错次数数据			物料专员	《来料入库报表》 《物料抽查记录表》
6	物流计划经理审核后交总经理批准			计划仓储部经理	《来料入库报表》 《物料抽查记录表》

4. 由人力资源部搭建数据采集、传递系统，分层分类统计数据

企业中高层人员的绩效考核数据采集、传递系统由人力资源部搭建，基层人员的绩效考核数据采集、传递系统由各部门搭建，分层管控、层层支撑。

每个中高层干部和员工的绩效考核指标在 5 ～ 8 个，仅仅这些数据都会给企业绩效管理工作带来了非常大的麻烦的话，那企业运行积分管理系统的数据要保证及时、准确地采集，确保积分体系的有效性，这就对企业采集积分原始数据带来了更高的要求。传统的做法是公司建立积分管理微信或钉钉群，管理者在群里进行员工获得积分的通报表彰和批评。人力资源部安排一名专员进行积分数据的记录，每个月将数据汇总发布到群里进行核对，员工如果有疑问可与人力资源部联系解决。员工在兑换公司福利时，人力资源部也会手动进行记录，减掉相应积分。按照这种模式，一个 100 ～ 200 人的公司，基本需要设置一个专人来负责积分管理，人工成本大约在每年 5 万元。成本还是很高的，效果却不好，数据的准确性也很难得到保证。所以很多咨询公司开发了积分管理软件来解决积分评价数据管理的问题。

二、当前积分管理软件开发的类型及优劣势

建立一套好的积分管理软件是非常不容易的，目前市场上的积分管理软件也不算太多，即使有，也做得不是非常到位。现在很多懂软件的人不懂积分管理，懂积分管理的人又不懂软件，既懂积分管理又懂软件的人不多，而且现在软件开发不仅是完成积分数据的记录，在互联网时代，如何在软件中实现娱乐化、游戏化、管理标准化，这是对积分管理软件开发的最大考验。目前我们对市场上的积分管理软件进行了研究分析，发现有以下两类情况。

1. 完成传统积分管理模式评价信息化
市场上大部分积分软件能实现积分管理评价流程化和标准化，固定

分能自动加分的由系统自动加分，管理者评价和员工申请积分可以实现流程化操作，员工加、减分能及时通知员工，方便企业对员工进行积分评价，节省人力。但是现在是移动互联网时代，"90后""95后"甚至"00后"员工成为主阵营，员工要的不仅仅是记录积分数据，如何让员工愿意登录软件，把软件"玩起来"，在游戏化、娱乐化、社交化这方面的设计极为重要，如果软件不能满足现代员工的心理诉求，员工不愿意玩，就会大大损伤积分管理的功效。

2. 变成文化宣传的主阵地

市场上有一部分积分软件由于积分管理体系缺失，积分项目与实际经营管理脱节，大部分是企业文化行为化评价，是对员工在积极践行企业文化方面的优秀行为进行鼓励和表彰。由于基础管理体系缺失，软件在管理标准化、流程化方面存在不足，这与传统积分管理软件又不同，走向另一个极端。这部分软件在互动性和游戏化设计、界面设计上符合年轻一代员工的审美，这方面优势很明显。但是企业引进软件还是想要解决企业管理难题的，如果不能与企业的业务管理紧密联系，只是变成企业文化宣传阵地，那企业启用积分管理软件就没有达到全部预期。

总而言之，目前市场上的积分管理体系没有系统考虑各个部门之间的平衡，无法站在统一尺度上进行衡量和评价，很多都是根据各个部门的工作设计积分项目和积分标准，没有解决各个部门、各个层级之间的分数如何平衡的问题，没有解决既保证职位差异性又保证不同职位间一定的公平性的问题，所以存在一定范围的缺失。这样的软件在企业运行时间越长，问题就会越容易暴露，在积分兑换、排名应用等方面就会出现不公平等现象，员工就会抱怨。

三、猴哥云积分软件的成果展示

猴哥云积分是我们在 A、B、C、D、E 积分管理框架下设计的云积分管理系统，凭借我们首创的 A、B、C、D、E 积分管理体系和红黄绿灯积分评价模式，在积分管理体系建设上优势明显，该系统结合了互联网产品开发的思路，加上产品开发团队在众多企业实施管理软件的成功经验，是一套管理标准化与管理游戏化相结合的、有温度的移动管理软件，实现了移动管理软件的五化。

第一，管理标准化。积分项目和积分标准后台导入，软件操作简单化、傻瓜化，不受人员变动因素的制约，软件升级，管理就随之升级。

第二，激励即时化。管理者打开软件，快则 5 秒内，慢则 30 秒内即可完成对员工的加分和扣分的全部操作，让员工及时感受上级领导的激励和管理要求；积分高的员工打开软件即可看到荣誉播报，让员工更有成就感。

第三，工作游戏化。任务抢单、PK 擂台赛等将工作游戏化，提高员工参与积极性，同时通过竞争激发冲锋争先的文化氛围。

第四，管理温度化。设置生日祝福、入职纪念等模块，领导、同事之间可以通过"点赞""打赏"，传递关心和祝福，让管理不再是冷冰冰的。

第五，应用多样化。积分商城、积分抽奖、积分拍卖，让积分流动起来，激发员工挣积分的热情，挣积分的过程就是创造价值的过程。

下面详细介绍云积分管理系统的功能。

1. 首页宣传语

"看见每一'分'努力，认可每一'分'贡献！"这是提醒每一位管理者要有一双善于发现美的眼睛，能够看到每一位下属做得好的地方，并给予积分认可。同时，我们也告诉每一位员工，公司以奋斗者和贡献者为本的理念，不会遗漏员工的点滴贡献，只要是做了贡献，就会以积分的形式予以认可并永久记录在软件中，未来的公司福利、发展、评优都会与积分关联。

2. 荣誉播报"炸屏"

每一位员工进入软件后，就会看到目前本部门积分排名第一的是谁，系统会进行荣誉播报"炸屏"，这不仅仅是对获得积分最多员工的表彰和认可，在满足员工精神激励的需求同时，也是对其他员工的提醒和鞭策，激发员工的好胜心，营造出你追我赶挣积分的氛围。

▲ 图 7-1 首页宣传语　　　▲ 图 7-2 荣誉播报

3. 首页积分显示

首页的钻石和星星图案后面的数字是当前排名账户总积分和消费账户总积分(我们在体系中设计了排名账户、消费账户、现金账户、股权账户,在软件中均已实现),下面一行显示今日积分、本月积分、月排名、总排名,员工登录软件对自己目前的积分基本情况一览无余。下面先显示当前部门的当月员工积分排名情况和当月积分数值。通过筛选按键可以查询各个部门、各类职位、序列和层级积分排名情况。积分数值右边的笑脸和大拇指符号是管理者和最高决策层积分评价进入按键。

▲ 图 7-3 首页积分显示

4. 老板点赞

我们都知道,企业里的员工如果能得到老板的赞美,对于员工来说是非常大的荣誉,很多企业老板在安排和检查各个部门的工作时,发现基层员工做得很好，往往会口头表扬，或者走到员工身边，拍拍员工的肩膀，对员工表示认可和鼓励。但是企业人数众多，老板也不可能对每个员工都去拍拍肩膀，这不现实。我们为这种场景专门设计了老板点赞功能。企业老板或者其他决策层通过点赞按键可以对基层员工"竖起大拇指"加分，让最高决策层能够看见最基层员工，当发现他们的闪光点时，就可以直接通过点赞按键进行加分奖励认可，让所有基层员工都能感受到老板的鼓励和认可。在软件中老板一点赞，所有员工都能看到老板为哪个员工点赞了，一是给足被点赞员工面子，全公司通报，二是激发其他员工努力创造价值。如果员工做得不好，老板们也可以通过此按键进行批评扣分，以儆效尤。

▲ 图 7-4　老板点赞

5. 管理者评价

企业在管理后台录入 A、B、C、D、E 积分系统及部门分的积分项目、积分标准后，管理者通过笑脸按键就可以直接对某个员工进行加分、扣分、奖分操作，管理者直接选择对应的积分项目，点击后就出现评价窗口，输入评价事由（为什么要加分、扣分、奖分），选择对应的红黄绿区域，评价就完成了，员工会第一时间在消息记录中收到积分通知。整个评价过程简单、高效。

▲ 图 7-5 管理者评价窗口

除了管理者评价外，软件中还设置了另外三条通道。

（1）员工自我申请

管理者有时会忘记、漏掉给员工加分或者不知道员工可以加分，员工发现管理者还未给自己评价打分时，也可以通过申请通道给自己申请加分，当然，员工工作不到位时，也可以申请给自己扣分，我们鼓励员工自我申请扣分，所以在系统内设置了自我申请扣分时扣分减半的规则。

申请过程也很简单，申请人发起申请，选择积分标准，输入加分、扣分、奖分的理由，选择发生的日期和审批人，即可发起申请流程，管理者通过积分审批界面进入后，可以看到所有员工的申请记录，管理者可以逐一审批或者一键审批完成全部审批。

（2）替他人申请加减分

各个部门在协作时，其他部门的员工可以为帮助他的员工申请加分，当然，这项积分是否被通过需要被加分人的上级审批。

（3）系统自动积分

为了简化管理者操作，如果没有发生扣分行为，我们在系统中设置了自动加分规则，管理者无须操作，可以直接为员工加上应该加的分数。

6. 基础能力自动加分

如果企业在管理后台设置基础能力加分项目和标准，后台每个月可以自动实现加分，无须手动积分。自动加分规则包括以下几类。

（1）学历加分

例如，在后台设置博士加 30 分、硕士加 20 分、本科加 10 分、专科加 5 分，系统就会每月自动给每个员工按照其学历加上对应分数。

（2）特殊岗位加分

如果在后台设置嵌入式开发工程师加 5 分 / 月，只要是嵌入式开发工程师，系统会每月自动加 5 分。

（3）工龄加分

如果在后台设置工龄满 1 年加 20 分，员工工龄满 1 年当天，系统会给员工自动加 20 分。

（4）特殊技能加分

如生产性企业鼓励一线岗位一岗多能，外贸性企业鼓励员工提升外语能力，研发性企业鼓励员工掌握多种开发工具，当员工具备公司鼓励掌握的特殊技能时，可以申请自动加分，审批通过后，系统会按照约定周期给员工加上对应分数。

7. 任务积分管理

（1）任务积分管理的目的

为激发员工工作激情，激发员工积极承担临时性、紧急性、重要性相关工作任务，鼓励员工多劳多得，勇于承担，敢于担当。

（2）任务的定义、类型与范围

在公司生产和部门经营管理过程中，不在相关人员月度计划里或者公司认为非常重要或紧急的事项，或者是没有明确责任人的相关事项等，需要单独积分激励和重点跟进的，管理者可以发布任务，予以积分认可，发布者根据任务完成情况进行评价和奖励。

（3）任务类型

指派任务：指发布者指派任务承接者，直接安排其完成相关工作，给予一定的积分激励；

抢分任务：不指派任务承接者，在发布范围内，员工进行抢单，抢到任务的员工完成任务后，由发布者进行评价。

（4）任务范围

公司下达重点工作：指企业在经营管理过程中，对重要、特殊工作进行重点关注和积分激励，由总裁秘书或总裁指定专人在系统中发布指派任务或抢分任务，并跟进任务完成情况后，由总裁秘书或指定专人进行评价。

各部门临时性工作：指根据部门工作安排，需要员工完成的非常规、突发性、个性化的单项工作或公司安排的任务需要分解到员工需要完成的任务。

需要其他部门协助的工作：需要其他部门协助完成的非常规工作，由部门管理者发布任务并跟进任务完成情况后进行评价。

▲ 图 7-6 任务积分管理

（5）任务分数设置

公司管理员在积分管理后台针对任务重要性和紧急性设置不同分数，发布者参照附件发布任务、选择对应级别后，自动生成对应分数即为任务总分数。

（6）任务发布及任务评价

管理者通过系统发布任务后，员工登录系统，根据自身情况可以抢管理者发布的任务（如果是指派任务就是由被指定的员工在规定时间内完成），在规定时间完成任务后，由发布者根据任务完成时间、结果等情况进行综合红、黄、绿评价。

➤ 红区：未按照时间或质量要求完成，影响客户（内外部）进度；

➤ 黄区：基本按照时间和质量要求完成；

➤ 绿区：提前完成或超出质量标准完成，超出客户（内外部）期待。

（7）任务的另一种形式——悬赏任务

人与人之间之所以会互相分享，一是任务驱动，二是情感驱动。当没有情感驱动时，要促进分享就要制造任务。将公司各部门未解决的问题进行分类，并制定不同等级的积分奖励标准，通过任务发布模块发出，以积分（或"积分＋奖金"）形式进行悬赏，发动群众，"悬未解之谜，赏有识之士"，不断制造各种任务吸引大家贡献力量。公司可以为每月解决问题最多的员工设置一个"智多星"奖项，由公司高层颁奖，并在内网公示。通过这种悬赏任务，公司可能会挖掘出有特殊才华的员工，给他更合适的职位与机会。

除了公司发布悬赏任务外，任何员工都可以抛出任何问题来求解，或者当员工需要帮助时，也可以发布悬赏任务。例如，当员工处理图片时，不会用图片处理软件，需要同事帮忙处理图片，但又不知道谁会使用图片处理软件，就可以在系统中发布悬赏任务，当有同事帮助自己完成该项任务时，用积分奖励提供帮助的员工。

悬赏任务的功能主要是打造企业与员工之间、团队之间的互动，构建良好的组织氛围，鼓励员工创新，互帮互助，认可提供帮助的员工的贡献。

8. PK 积分管理

（1）PK 积分设置的目的

为激发员工工作激情，倡导各部门及员工之间进行良性竞赛，打造一支具有凝聚力与竞争力的团队，系统将企业 PK 的场景设置到线上。

（2）PK 发起与接受应战

发起方填写 PK 内容、发起方队伍名称、口号等信息，选择应战方及用于 PK 的积分数值，发起 PK 后，应战方填写队伍名称、口号等信息后 PK 生效。当 PK 生效后，企业所有员工都可以看到各个部门、员工之间的 PK。

▲ 图 7-7 PK 积分管理

（3）PK 押注

在部门之间、员工之间进行 PK 时，允许第三方（部门、员工）以押注的形式参与到双方之间的 PK，在积分软件中以点赞支持发起方或者支持应战方的形式操作。点赞消耗本人的积分，是以自己的积分来支持。押注人押中获胜一方的，也奖励所对应押注的积分；押错的扣除押注积分。此处设置PK押注的目的主要是增加游戏化互动，同时在一定程度上减少协作难度。当员工押注时，如果涉及相关协作，在一定程度上，配合力度和态度都会更好。

（4）PK评定

PK评定人在约定的时间截止时，根据双方实际情况进行评价，确定挑战胜利、挑战平局、挑战失败。获胜方获得相应积分，失败方减去相应积分，平局不分胜负。

9. 员工关怀

很多企业人力资源部人事专员每天要查看员工的生日信息、入职信息，发邮件送祝福，有些有条件的企业还会送鲜花或者送卡片等。这种方式给人力资源部带来不小的工作量，企业越大，工作量就越大，我们可以把这项场景搬到线上，在员工生日、入职纪念日当天，系统会自动在工作圈进行提醒，祝福员工生日快乐、入职纪念日快乐，从而实现员工关怀的自动化。公司如果有福利政策，可以为当天过生日、入职纪念日的员工送积分福利，员工可以用积分兑换自己想要的福利产品，也不用人力资源部绞尽脑汁去想到底送什么能让员工更满意。用送积分代替送鲜花，员工会感到更新鲜、更好玩，还可以兑换个性化福利，自主性更强，满意度自然更高。

员工生日、入职纪念日、老板为员工点赞、员工获得单项奖、部门周度员工排名第一时，当系统发出相应的通知时，企业所有员工都可以为这些人送去自己的祝福，采用积分打赏的方式为员工送积分，小小积分，礼轻情意重，能增进同事之间的感情。

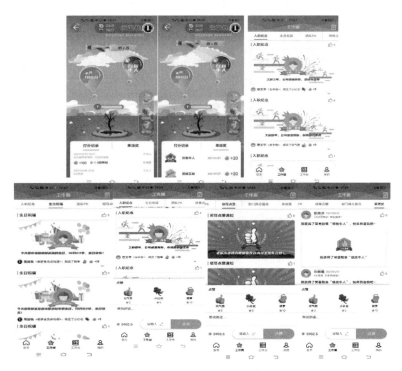

▲ 图 7-8　入职纪念、生日祝福、领导点赞、单项奖的积分打赏界面

10. 个人主页

为了让积分评价在阳光下透明操作，公平公正地对待每一位员工，企业的每一位员工都可以作为监督人，一清二楚地看到某个员工所有的评价打分记录（在什么时间、因为什么事件获得加分或扣分）和获奖纪录（什么时间获得单项奖），当员工发现有不公平的评价现象时可以向人力资源部申诉，同时也给管理者上一道"紧箍咒"，一定要客观、公平地对待每一个员工，避免暗箱操作，不能踏过红线，否则将受到积分清零的严厉处罚。

在个人主页还可以直观地看到本周积分和积分排名，同时，同事之间还可以互相点赞"浇树"，用于同事之间的相互点赞支持，点赞获得积分越高说明人气越高，人气越高就越有机会获得公司"年度人气王"称号。这里的互动化设计主要是为了建立良好的团结互动的文化氛围，对曾经给自己提供过帮助的同事表达感谢和感恩，营造企业正能量场域，提升企业凝聚力。

11. 学习强企

公司为每个员工制订学习成长计划，配置相应的积分，鼓励员工按照时间进度完成学习任务，员工可以按计划进行通关。当员工完成学习任务评估考核后，管理者或者负责组织培训的部门可以将考核分数录入系统。具体的评估考核形式不只有考试，还有很多形式，企业可以参考以下形式并根据实际情况采取合适的评估方式。

▲ 图 7-9 学习强企界面

（1）组织考试

例如，对公司制度、流程、产品知识等应知应会内容的考试。

（2）现场通关

例如，通过客户拜访情景演练对业务人员进行考核；对机器、工具、应用软件等可以现场操作的情况进行考核。

（3）现场汇报

例如，针对问题分析与解决能力的培训，课程中涉及问题的识别定义、分析和制定解决方案等工具方法，可以分组学习和实操。为每个小组分配一个课题，明确改善目标，各个学习小组按照问题分析与解决的相关流程进行实操，在课题实施过程中、完成后，各个小组向评价团队进行汇报课题实施情况，评价小组对每个课题的实施情况进行评价，作为课程学习最终的考核成绩。

（4）提交方案

涉及一些体系设计的学习，可以要求员工提交方案，公司通过后方可认为考核合格，如实验室对工程师进行测试方案撰写的培训，可以要求员工完成几份具体的产品测试方案，按照测试方案的质量评价是否达到培训要求。

（5）调查问卷

对于领导力（管理能力）的评价可以采用 360 度调查问卷的形式，如我们在企业中经常用的 Q12 问卷，是非常简单的 12 个问题，可以对团队管理者的领导能力进行测评。在笔者以前就职的一家上市企业，每半年就会做一次 Q12 测评，将所有管理者的 Q12 测评结果张榜公布在公司大厅，董事长亲自对 Q12 测评不达标的管理干部进行面谈。测评表格见表 7-2。

表7-2 Q12测评表

序号	问题	得分				
		5	4	3	2	1
1	我知道对我的工作要求吗？					
2	我有准备好我的工作所需要的材料和设备吗？					
3	在工作中，我每天都有机会做我最擅长做的事吗？					
4	在过去的七天里，我因工作出色而受到表扬了吗？					
5	我觉得我的主管或同事关心我的个人情况吗？					
6	工作单位有人鼓励我的发展吗？					
7	在工作中，我觉得我的意见受到重视了吗？					
8	公司的使命目标使我觉得我的工作重要吗？					
9	我的同事们致力于高质量的工作吗？					
10	我在工作单位有一个最要好的朋友吗？					
11	在过去的六个月内，工作单位有人和我谈及我的进步吗？					
12	过去一年里，我在工作中有机会学习和成长吗？					

12. 荣誉殿堂

企业为员工颁发荣誉证书，员工只能摆放在家里，时间久了，可能就忘记了。而且企业有时考虑成本，一年也颁发不了几次荣誉证书。我们在云积分系统中为员工设置了专门的荣誉殿堂，放置员工在企业获得的各项荣誉。员工通过荣誉殿堂可以随时随地查看自己在企业内部于何时、因何种原因获得何种奖项。对于员工来说会再次激发员工的动力，激发员工再次获得奖项的愿望和冲动，员工的价值贡献也就在获得积分的过程中做出来了。

▲ 图 7-10 荣誉殿堂界面

我们在一家企业做积分项目时，研发部的一位高管看到软件中的荣誉殿堂界面，开玩笑地说："这个好，以后我们研发人员相亲找对象，不用再想着怎么表达自己多优秀了，拿出软件，让对方看看积分情况，看看荣誉殿堂或者多少奖项，这比口头说要好多了！"虽然是一句玩笑话，但这不正是我们想要达到的效果吗？荣誉殿堂记录了员工曾经获得的各种荣誉，会激励他创造更大的价值。

13. 月报报告、年度报告

大家还记得支付宝年度账单吗？这项功能刚做出来的时候，大家都在"晒"年度账单，为什么呢？再看看我们生活中，当一群朋友去餐厅吃饭或是在家里做了一桌美味佳肴的时候，我们首先做的是什么事？现在不是我们人先吃，而是先让手机相机"吃个饱"，要么立马发朋友圈，要么吃完再发朋友圈晒出这些美美的照片。每个人都希望展现自己生活中美好、积极的一面，也希望圈内朋友们能看到自己生活得幸福和美好。

云积分软件中的月度报告和年度报告功能筛选出员工在工作中获得的积分、奖项、PK 等具体情况，为员工提供了展现自我的通道，满足了员工内心的"晒"的需求。想要"晒"就必须创造价值贡献，多挣积分，多获得奖项，这就达到管理的目的了。

▲ 图 7-11　月度报告界面

14. 积分应用

积分必须流动起来进行消费才会有价值，流动的方式越多，员工挣积分的热情才会越高，挣积分的热情越高，创造价值贡献才会越多，才会达到企业建立积分管理体系的目的。在云积分软件中，我们设置了三种流动方式：欢乐购、地摊积分、幸运转，具体使用方式如下。

（1）欢乐购——积分商城

企业将经过调研了解到的员工较为有兴趣兑换的福利产品图片上传，并对产品进行相关描述，说明兑换规则，设置需要的积分数额。员工可以通过软件在积分商城看到企业提供的所有福利产品，根据自己的需要进行兑换。

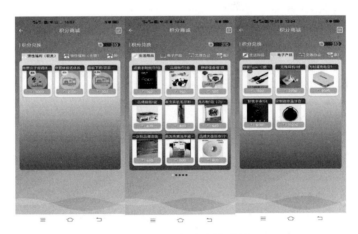

▲ 图 7-12　积分商城界面

企业还可以提供个性化弹性福利给员工，如迟到券、早退券、带薪休假券、儿童节休假券等，员工兑换后就可以直接按公司规定享受。

以下是设置福利商城的一些实物和个性化弹性福利兑换表，大家可以参考完成所在企业的内部个性化福利体系，让福利不再是人人一样，利益差距一定要体现贡献差距，打破大锅饭的福利政策，提升满意度。

表 7-3 福利商城设置参考

序号	商品名称	价值（元或小时）	积分兑换标准	奖品分类
1	手帕纸巾 1 包	2	80	生活用品
2	品牌纸巾 1 卷	2	80	生活用品
3	香皂 1 块	4.5	180	生活用品
4	品牌抽纸 1 盒	5	200	生活用品
5	单支装软毛牙刷 1 支	6	240	生活用品
6	洗衣粉 1 袋（260 克装）	8	320	生活用品
7	免洗杀菌洗手液 1 瓶	10	400	生活用品
8	水性签字笔 1 盒（10 支装）	15	600	文体办公
9	品牌洗手液 1 瓶	15	600	生活用品
10	数据线 1 条	19	760	电子产品
11	矿泉水 1 箱(350 毫升/支*24 支)	20	800	生活用品
12	牙膏 1 条	20	800	生活用品
13	洗衣液 1 瓶（3 千克装）	20	800	生活用品
14	品牌牙刷 1 盒(12 支装)	20	800	生活用品
15	带公司 LOGO、总裁签名的笔记本 1 本	23	920	文体办公

表7-3　续表1

序号	商品名称	价值（元或小时）	积分兑换标准	奖品分类
16	无线耳机1对	25	1000	电子产品
17	品牌西饼券（30元）	30	1200	生活用品
18	电蚊拍1个	40	1600	生活用品
19	品牌沐浴露1瓶（1.5升）	46	1840	生活用品
20	精美品牌保温杯1只	50	2000	生活用品
21	品牌吹风机1个	50	2000	家用电器
22	真空装东北大米1袋（5千克装）	55	2200	生活用品
23	品牌洗发水1瓶（1千克装）	60	2400	生活用品
24	品牌牛奶1件(250毫升*12盒)	65	2600	生活用品
25	品牌充电宝1个	76	3040	电子产品
26	品牌羽毛球1筒	80	3200	文体办公
27	品牌三头电动剃须刀1台	80	3200	生活用品
28	靠枕（抱枕）1个	80	3200	生活用品
29	品牌乒乓球拍1对	100	4000	文体办公
30	真空装东北大米1袋（10千克装）	100	4000	生活用品
31	品牌榨汁机1台	100	4000	家用电器
32	品牌花生油1罐(5升)	150	6000	生活用品

表7-3 续表2

序号	商品名称	价值（元或小时）	积分兑换标准	奖品分类
33	电动牙刷1只	150	6000	生活用品
34	不粘锅汤锅1个	180	7200	生活用品
35	行李箱1只（22寸）	200	8000	生活用品
36	品牌烤箱1台	200	8000	家用电器
37	定制迷你蓝牙音箱1台	200	8000	电子产品
38	带薪休假调休券1张	4	3000	弹性福利类
39	提前下班（延后上班）兑换券1张	0.5	600	弹性福利类
40	带薪亲子假兑换券1张	8	6000	弹性福利类
41	带薪调休假兑换券1张	8	6000	弹性福利类
42	旅游奖励券1张（周边1天游）	200	/	弹性福利类

（2）地摊积分——积分拍卖

很多二手物品交易平台的交易量还是很可观的，我们借鉴二手物品交易平台和拍卖网的思路，在企业内部建立二手市场，员工有不想用的物品，可以在积分拍卖模块发布拍卖信息，其他员工按照自己的心理预期进行出价，价高者得。

设计积分拍卖模块的另一个目的是为软件增添娱乐化，让软件好玩起来，员工不仅可以拍卖物品，还可以拍卖积分。

（3）幸运转——积分抽奖

抽奖会给人带来惊喜，兼具激励性和娱乐性。积分抽奖有两种操作思路：一种是奖励型，对排名在前列的员工给予抽奖的机会；另一种是消耗一定的积分享受抽奖的资格。企业可以根据自身不同场景设置抽奖条件。如果企业规模不大，抽奖可以安排在线下操作，现场氛围会更好，如果企业规模很大，可以在线上完成抽奖，线下发放奖品。同时，可以在公司内部宣传栏里对抽奖物品进行宣传，鼓励大家参与。

▲ 图 7-13 积分抽奖

第八章

积分管理应用标杆企业实操案例

第一节　变革前的企业困境

一、公司成立 10 年，困难重重

案例的主人公是我辅导的一个客户，创始人吕总是靠在深圳某大厦摆摊位起家，通过自己的辛勤努力和灵活的头脑，淘到了第一桶金，积累了原始资金。和众多的创业者一样，在取得第一桶金后，吕总敏锐地感觉到，在深圳投资房地产是一个不错的买卖，可以确保资金的保值增值，随后他在深圳福田、罗湖、盐田区不断购置房产。

吕总于 2006 年成立某科技公司，注册资金 500 万元人民币，公司主要经营条码扫描器、条码打印机、数据采集器（盘点机）、磁卡读写器、条码检测仪、条码耗材等诸多条码设备，是一家专业从事条码扫描、数据采集终端、条码打印机等条码自动识别设备的高科技企业。公司由创始人吕总和妻子高小姐创办成立。公司主要代理销售霍尼韦尔、新大

陆集团、斑马公司、销邦公司的扫描枪。

随着公司不断发展壮大，很多管理问题浮出水面，主要表现在销售额不见增长、人均效率低下、员工流失率加剧、各项费用居高不下，这些问题让吕总头疼不已，公司自我造血功能不足，为了让公司活下去，吕总不得不出售购置的房产来缓解公司资金压力。等到要出售第二套房产的时候，公司副总经理兼老板娘高小姐坚决制止了吕总出售房产来增加公司现金流的想法和行为。高小姐认为："公司应该通过自我造血机制来养活自己，如果让公司活下去只能一味出售房产来实现，那为什么不关掉这个公司呢？如果公司还是无法解决自我造血功能，如果公司发展还是停滞不前，看不到希望和前景，即便是把所有的房子卖掉'输血'也无济于事，这不是解决问题的根本办法。"

二、公司内部变革以失败而告终

面对公司的"烂摊子"，吕总夫妻二人如坐针毡。公司也曾一次次组织核心骨干集体开会，希望通过群策群力来解决公司目前存在的管理问题。会议主题围绕几个方面进行：公司如何发展？如何改变现状？如何增加销售额？如何降低员工流失率？如何增加员工满意度？等等。在若干次的会议中，大家你一言我一语，献言献策，最后达成了共识："把员工最希望解决的以下几个问题优先解决好，这样公司目前的这种局面会有变化。"

1. 薪酬待遇

薪酬待遇是目前员工抱怨最大、吐槽最多的管理问题，员工普遍反映目前公司薪酬待遇不具有竞争力, 和竞争对手相比较而言, 确实有点偏低, 这也是公司对外招不到人, 对内留不住人的关键所在。建议公司每年实施两次调薪机制, 一个是对公司所有员工进行普调, 另外一个是依据员工日常表现, 对优秀员工在年终实施绩效调薪, 两次调薪幅度应该不低于 15%。

2. 员工福利

公司几乎没有什么像样的福利, 也就是逢年过节发个红包意思意思, 况且, 红包的金额不大, 也吸引不了人, 员工觉得也就那么回事。目前举办最多的关爱福利也就是员工生日会。有的员工反映, 参加了几次公司举办的员工生日会, 就再也不想参加了, 问其原因, 回答是员工生日会千篇一律, 一点新意都没有, 无非是一群人围成一圈, 点个蜡烛许个愿, 吃个蛋糕送个小礼物。员工希望公司逢年过节或具有特别意义的日子(如公司成立日)多规划新的活动, 多发一些实惠、新颖的福利。

3. 文娱活动

员工反映工作太单调、太枯燥、太乏味, 每天都是两点一线, 建议每月组织全体员工外出旅游, 这样也能在一定程度上增加员工对公司的认同感, 增强对公司的归属感, 降低员工流失率。

通过几次会议, 公司下定决心, 花费精力, 重点解决上述员工迫切关注的问题。

公司的行动力倒是很强, 会议中提出的改善项目, 吕总立即进行了整改。对每位员工薪酬进行了普调, 核心骨干甚至调整的幅度更大, 仅此一项，公司核算了一下，薪酬费用率就上升了 5%。每逢节假日，公司会给每位员工发大米、花生油以及其他各种福利，并且每个月组织全体员工在深圳周边的城市进行旅游和开展团建活动。

随着员工所反映的问题的逐步解决，员工的薪酬涨了，该发的福利也发了，每个月的团建活动也做了，吕总也希望公司的业绩能够蒸蒸日上，员工干劲十足，并期盼公司局势逆转。非常遗憾的是，吕总希望看到的局面依然没有发生，他陷入了痛苦的思索当中，该给的也给到了，为什么情况依然如故？

三、与公司结缘，入企调研诊断

一次偶然的机会，吕总来现场听笔者的一堂关于共赢绩效的课程，课堂上笔者讲到的管理理念、方法获得了吕总的认可。课余时间吕总就迫不及待地找笔者洽谈，表示合作的意愿，经过双方坦诚、充分的交流达成了合作共识，由笔者对吕总公司提供激活个体三部曲（共赢绩效、游戏式积分管理、股权激励）的管理咨询项目。

按照管理咨询项目的实施流程，笔者先对吕总的公司进行了为期一周的调研，在调研过程中，发现吕总的公司目前存在以下问题。

从公司经营层面来看：公司成立 10 年，发展规模、发展速度缓慢，管理成本、销售费用节节攀升，随之而来的是公司的销售额、毛利额不增反降。

从公司管理层面来看：流失率始终居高不下，员工打工心态严重，团队士气低落，工作氛围死气沉沉，员工对公司管理怨声载道。

通过对员工调研访谈，看看员工对公司各方面有什么样的看法（以下内容为节选)。

1. 来公司的总体感受如何?

员工 A:吕总比较年轻又很聪明,是一个比较有想法的人。我认为老板一定要有狼性和血性,而我们的吕总是比较温和、民主的人,在客户身上花费的时间比较多,我觉得他应该在管理方面多花费一些时间。

员工 B:来公司没有师父指导我,公司的氛围不够好,公司的活动不够,吕总人是很好,但公司未来要怎么做,做到什么程度从来没有和我们讲过,我们也不是特别清楚公司的想法,我感觉就公司目前的这种现状,吸引不了特别有才华的人。

员工 C:我们公司的员工进取心不够,不太爱学习。我们就是打工仔,没有什么归属感。我们也有绩效考核,但是考核的作用不大,你干不干都一样,没什么劲头。

2. 在公司工作愉快吗? 喜欢什么样的工作氛围?

员工 A:感觉公司是一家"养老院",不会让人很兴奋,不会让人有冲劲,不会让人待得太久,公司不会主动辞退你,我喜欢付出会有回报的公司,能够让我们有想象的空间。

员工 B:公司绝大多数都是"90后",但公司的氛围不好,感觉特别闷、没有朝气,但最近好像要比以前好点,员工之间的协作性也比较差,工作中出现了问题,都是在相互指责、相互埋怨,身边都是负能量的人,大家的情绪比较低落。

员工 C:感觉很多人还是想干,还是有点想法的,但是没有动起来。新员工来了以后很迷茫,不知道怎么干,不知道去哪里干,不知道提升什么能力。对公司未来的发展看法一般，员工的流失率比较高，给我的感觉是留不住人。

员工 D：公司的氛围一般，都挺安静的，部门之间缺乏沟通，感觉心情不是很愉悦，付出了没有回报，别人说你那么拼命干嘛，又没有拿多少钱。公司内部产品价格很乱，价格不统一，不同的人有不同的报价，公司需要很多培训，销售人员自己都不愿意学东西，销售提成是比较难拿的，走的人也比较多。

3. 现有的高层能否带领团队走向辉煌？对公司的未来发展有何展望？

员工 A：公司从事的行业还是比较有希望，但是，就公司目前这种管理状况，说实在的，我不太有信心。

4. 在公司有没有职业发展机会？你希望的职业发展机会是什么？

员工 C：未来只是想月薪过万，自己的能力得到提升，其他的倒是没有想得太多。

附：员工访谈汇总摘要

一、来公司的总体感受如何？

（一）激励机制方面

1.员工抱怨比较多，因为工资比较低，员工的薪酬制度、激励机制很缺乏；

2.销售提成的机制，按照毛利来计提比较好，现在是按照销售额来提；

3.部门分工不明确，采购要负责售后，前台也要负责销售；

4.有些奖励制度不明确，销售提成制度被很多人吐槽，身边都是负能量的人，大家的情绪比较低落。

（二）公司文化与团队建设方面

1.新员工来了以后很迷茫，不知道怎么干，不知道干什么，不知道提升什么能力，没有人来告诉他们该怎么办；

2.公司的氛围不好，但是最近比起以前要好多了，工作没有激情，同事之间也不是很团结；

3.工作挺轻松，部门之间的一些配合不太好，运营和网销部之间的沟通经常会有问题；

4.公司的活动不够多，员工对公司没有归属感；感觉自己只是打工的，没有安全感和归属感；不完成业绩就要扣底薪，感觉公司不够大气；

5.不能给公司提意见，如果提了，就会导致老板对你有意见，所以，一般也不会讲出来。

➤ 管理改善点：员工激励体系建设，明确岗位责任，企业使命（愿景价值观），企业文化落实活动，公司晨会制，新员工导师制。

二、对公司未来发展有什么展望？

1.吕总的想法很好，但公司未来的发展会一般，公司员工的流失率比较高，不知道什么原因；

2.对公司的发展还是有信心的，公司的制度做了一些改变，也知道老板在上一些课程，看到了老板也在改变；

3.按照现状来说，想要扩大规模很难，维持是可以的；

4.目前公司在这个行业里边观念是比较好的；

5.公司发展应该是稳定的，前景是光明的，但不是特别让人眼睛一亮。

三、个人付出和薪酬匹配程度如何?

1.感觉很多人想干,但是没有动起来,现在对绩效面谈比较反感,宁可不要这几百块钱,也不要面谈;

2.前期的销售提成方式会好点,但现在的销售提成方式不好,按照不同的客户、按照不同的比例折算销售额,非常麻烦,也不科学,希望改进一下;

3.在深圳,工资6000多元,实在是不好意思开口说这个,很不满意!当然,有的时候也会体谅公司的难处。

➤ 管理改善点:销售体系提成与绩效薪酬。

四、在公司工作愉快吗?

1.工作氛围还不错,人际关系也不错,部门关系处理得不错;

2.公司的氛围一般,挺安静的,部门缺乏沟通,感觉心情不是很愉悦,付出了没有回报;

3.感觉是养老的公司,不会让人很兴奋的公司,更喜欢付出会有价值回报的公司;

4.公司的氛围一般,不能说好也不能说不好,公司不存在拉帮结派、山头主义。

➤ 管理改善点:全员积分制管理:快乐工作,努力工作。

五、在公司有没有职业发展机会?

1.还没有想过这些方面的事情,现在只是想打工挣钱而已;

2.没有想过未来会怎么样,目前只是想月薪过万,自己的能力得到提升。

➤ 管理改善点:员工职业发展体系。

六、希望有一个什么样的上司?

1.理解我们，指导我们，可以推心置腹地交流，给我们解决问题；

2.老板一定要有狼性和血性，我喜欢锐意进取的老板，而不是绵羊类型的。我们的吕总是比较温和的，比较民主的，不是特别严厉的。不要太平易近人，要有激情，要有干劲。

➢ 管理改善点：领导力建设，有效的管理者。

七、公司是否有相关的学习与发展机会以帮助提升技能？

1.基本上没有什么培训的机会，只有一些产品知识的培训和吕总从网上下载的一些视频；

2.销售人员不了解产品知识，产品有什么优势，感觉还不是很清晰。网络销售对产品知识的了解甚至还不如我这个前台。客户问到我一些问题，我都会把这些问题积累起来。

➢ 管理改善点：分层分类产品知识培训。

八、公司最需要改进的方面有哪些？

1.公司规章制度的建立，部门的建设和业务发展定位，员工的培训机制，增加内训和外训的次数；

2.公司的制度要写清楚，从入职开始，到工作交接，公司培训，工作的规则，到离职的处理等；

3.产品价格很乱，价格不统一，不同的人有不同的报价,内部不团结;

4.公司需要很多的培训，销售人员自己都不愿意学东西，技术方面也需要培训；

5.销售提成是比较难拿的，销售走的人比较多,希望改进销售激励;

6.公司要简化工作流程，采购流程、售后流程还存在一些比较烦琐的事项。公司的团队建设，公司的文化建设，部门的工作氛围，现在是一片散沙，完全没有年轻人的朝气和激情。

➢ 管理改善点：基础管理制度梳理与完善客户问题归类，并编制销售话术，提升销售人员专业性，提高销售转化率。

九、其他

中午吃饭和休息时间太短，希望可以延迟到 13:30 上班，哪怕下班晚一点都可以。

第二节　面对困境，如何进行变革

一、总体指导原则和发展思路

我们依据公司现状，提出了解决问题的总体指导原则和发展思路，摘选如下。

表 8-1　总体指导原则和发展思路（摘选）

初始化级	规范化级	优化级	再造级
➤ 人力资源制度体系 ➤ 人力资源激励体系 ➤ 文化体系 ➤ 关键岗位工作技能提升（学习地图） ➤ 员工导师制 ➤ 公司晨会制度 ➤ 自主经营体模式探索与应用	➤ 年度经营计划体系 ➤ 组织职位体系优化 ➤ 流程体系优化与升级 ➤ 人力资源体系优化与升级 ➤ 企业文化建设 ➤ 关键岗位能力素质提升体系 ➤ 任职资格管理体系 ➤ 管理人员领导力建设	➤ 战略规划与年度经营计划 ➤ 企业大学 ➤ 集团管控 ➤ 信息化升级 ➤ 关键岗位、核心员工股权激励	➤ 战略转型 ➤ 商业模式再造 ➤ 组织再造 ➤ 流程再造 ➤ 信息化再造

表8-1 续表

初始化级	规范化级	优化级	再造级
2016～2017年	2018～2019年	2019～2020年	2021～2022年
解决有没有的问题	达到精细化管理的目的	管理模式与企业发展阶段相适应	业务转型及管理转型

二、变革后的数据说明了什么

在咨询项目正式落地之前，也不是一帆风顺的。公司的几个骨干单独找吕总谈话，表达的意思就是，对目前准备落地的共赢绩效和积分制管理不太看好，大家在私底下议论纷纷，并表示公司目前有三分之一的员工抱有疑惑，三分之一的员工有抵触情绪，另外三分之一表示支持公司。吕总斩钉截铁地表示："既然我们自己尝试了很多次都没有效果，又耽误了时间，增加了成本，还不如让专业的人做专业的事。"吕总一锤定音，拉开了公司变革的序幕。

公司在2016年3月开始实施变革，在3月率先启动实施了"共赢绩效"和"游戏式积分管理"，在5月落地实施了"五星事业合伙人模式"。在数据出来之前，吕总压力很大，一方面是给付了高昂的顾问费用，不知道企业变革会不会取得预期的成果；另一方面是公司全体员工都在盯着这次变革，如果此次变革不成功，那公司发展之路在何方？公司未来进行管理变革将难上加难！

4月，销售业绩报表出来后，吕总一颗七上八下、忐忑不安的心，总算得到了一丝安慰，3月的销售额环比增长了2.4%，好歹销售没有下滑还略有增长。公司各月度销售环比增长如下图所示。

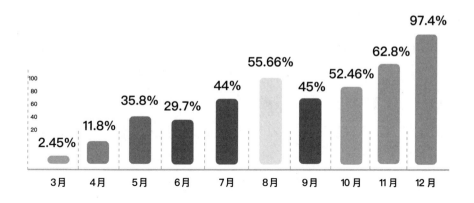

▲ 图8-1 启动公司管理变革后的销售增长率

在销售额发生变化的同时，2016 年，其他管理指标数据也发生了较大变化，如下图所示。

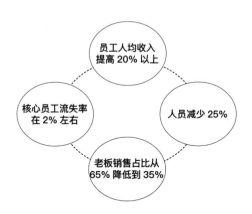

▲ 图8-2 其他管理指标数据变化

我们为公司设计的共赢绩效，打通了员工赚钱的渠道，每一个指标做得好都可以赚钱，实现了月月都可以为自己加薪，自己的收入自己主宰。假设一个员工每个月考核 5 个指标，一年下来，将有 60 次为自己主动加薪的机会，这极大地调动了员工的工作热情和积极性。2016 年，公司销售额环比增长 171%，员工人均收入提升 20% 以上。在公司销售额、员工人均收入增长的同时，公司的人均效率因管理的持续进步而得到了极为显著的提升，人员数量不增反降，员工减少了 25%。相比较以前的核心员工大规模流失，2016 年的核心员工流失率不到 2%。更为可喜可贺的是，老板销售占比从 65% 降低到 35%，这意味着解放了老板，让老板归位，让老板真正有时间思考公司的战略、核心机制和团队建设。在中国的民营企业，老板是业绩最好的销售人员，可以毫不夸张地说，许多公司 50% 以上的订单都是老板拿下来的。从以上数据我们可以看出，激活个体，使其不断地产出高绩效的价值创造，带来的是组织绩效的持续上升。

2017 年的公司销售额环比增长状况，如下图所示。

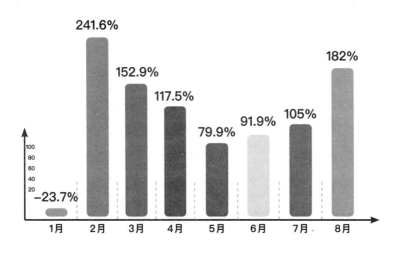

▲ 图 8-3 2017 年公司管理变革阶段成果（销售增长率）

公司在 2017 年度，仅仅用了七个半月的时间，完成销售额超越

2016 年全年总额，并且 2017 年度销售额环比 2016 年增长了 176%。

随着管理变革的深入，我们不断为公司设计了未来的发展蓝图，为公司的发展夯实了管理基础，并指明了发展的方向。

三、员工对变革的看法

在公司落地实施激活个体三部曲后，除了公司的经营指标、管理指标持续向好以外，员工是怎么看待公司这场管理变革的？员工的内心想法是什么？我们还是来看看以下两位员工的感想吧！

《浅谈共赢绩效、积分制度实施后的感想》

网优部：×××　　2016 年 12 月

在今年 2 月之前，也就是公司还没有实施绩效积分制度之前，公司一直处于无制度、无绩效，一盘散沙的状态。整个公司里，同事之间表面一片"和谐"，因为没有竞争，没有绩效，没有目标，这也意味着没有任何工作动力，除了销售部的同事，其他同事每天拿着"死工资"，做着同样的工作，日复一日，年复一年，工作热情也从刚来公司的满怀激情，慢慢消磨到现在的安于现状，越发对工作、生活都没有任何目标和追求了。因为公司对员工没有任何栽培和要求，也没有给员工对未来的任何期许，员工们一个个也都患上了"懒癌综合征"，当一天和尚撞一天钟，老员工虽有心想改变但也无可奈何，渐渐地也一个个带着失望离开了公司，而新员工来到公司也一直处于"放养"状态，没有工作制度的要求与约束，也没有"师父"对自己谆谆教诲，不能很快掌握工作要领，也不能学习到新技能，整天变得无所事事，找不到目标，待不了多久也离开了公司。我也算是公司的老员工了，在这将近 5 年的时间里，目睹了绩效改革前后公司的整体变化，可以说我是见证公司改变的最大感受者。

起初吕总为了改变公司的这种状态，想尽了各种办法，最后不惜花重金聘请了有着丰富企业管理经验的谭老师，选择了共赢绩效、积分制管理的内部管理方法。在刚开始实施时，所有同事都感到不习惯，很痛苦……各种吐槽、各种抱怨、各种质疑接踵而来，其实也包括我自己，说实话，刚开始还真是各种不习惯。因为从以前的自由状态到现在各种制度的约束，不习惯、痛苦是理所当然的。而随着一个月、两个月过去，经过绩效积分制的洗礼，我发现，公司有很多地方都在悄然改善。不信，你听我讲。

在以前，公司同事对见面不问候都习以为常，认为同事之间已经非常熟悉了，问候会让人别扭。但就是这种小小的习惯反而让同事之间始终保持着一种距离感，每个人都小心地说话，谨慎地完成自己分内的工作，有时候甚至加班加点，仍然想着要独自完成，也不好意思麻烦他人，这就直接导致了工作效率始终得不到提升，同时对同事之间的感情交流和团队建设也非常不利。而绩效改革后，所有同事碰面都会面带笑容地问候，在同事特别忙的时候，尤其是前台需要搬货测试时，有些男同事就会非常绅士地主动去帮忙，测试发货的速度较之前明显得到了提高。这些现象都反映了同事之间的感情正在逐渐升温，公司团队建设也在逐渐完善。

另一方面，碍于很多顾虑，以前很多同事都不太善于表达自己，不敢发表任何意见，也不敢指正其他同事的错误，害怕得罪人。说得不好听点，大家都是一副事不关己，漠不关心的姿态。而新制度实施之后，我发现，大多数同事都逐渐变得勇于表达自己，勇于挑战接收分外的工作任务，如快乐大会的主持和会后心得分享，大家都无所顾忌地表达了自己的观点，让公司更进一步了解了员工心中所想，让公司与员工的感情得到进一步升华。再比如3月的西安展会，所有同事都尽力尽心去配合完成各自的任务……虽然其中也不乏不够完美的地方，但大家能同心协力向一个目标而努力，这不就是最大的进步吗？

绩效实施后，公司还增加了人才培养的福利，如将积分最高的×××送去专门的学习机构培养。通过这几个月的观察，我发现她不论是从工作表现，还是个人心态，都是全公司最好的。而相对于之前公司的"放养政策"，绩效积分制的到来确实为公司带来了新的生机。而员工本身不仅得到了良好的栽培机会，各方面能力也得到了提高。

不仅仅是学习机会的福利，公司对员工的福利政策也在逐渐放宽放大，如绩效薪资的增加，快乐大会的各种礼品福利，长隆动物园的旅游福利，还包括公司之前透露的合作伙伴的超级福利……可以说，公司未来的发展不可估量，员工的福利也会越来越好。大家一起努力吧！

上面讲的都是大的方向，我们再把视线移至员工个人。我们就拿美工来说好了，绩效制度实施之前，不管是制图水平，还是作图效率，作为一名专业的美工而言，做出来的图片都还是不够理想的，三四天可能才完成一幅详情页。而绩效实施之后，从美工的作图水平和效率来看，美工同事的进步是非常大的。就拿西安展会的素材设计来看，不仅能够及时做出来，做出来的效果图也得到了公司领导层的认可和称赞。

从以上细节我们都可以看出，公司在绩效改革前后的变化是非常明显的，总体发展方面还是非常不错的，但任何事情都不可能做到完美，人如此，绩效积分制度也是如此。公司的绩效积分制还处在从不完善到完善的过渡中，可能在这期间很多同事会有质疑，会有抱怨等各种情绪，这是正常的。就像有些同事抱怨说积分制度的标准不完善、不合理，如柜台工作人员无法得到与其他同事同等的积分待遇，因为"天高皇帝远"。我觉得这种质疑非常好，所有同事都要勇于指正绩效制度不完善的地方，然后大家集思广益，一起想办法解决这个问题。只有大家齐心协力，我们才能更好更快地将绩效制度早日完善，公司才能更快走上正轨，才能带给大家更多的学习机会和福利。

《从纳闷到惊喜：公司实施积分制有感》

网优部：×××　2017年12月

自从上了大学我就开始幻想着自己毕业后出来找工作的各种场景，转眼间我的大学生活就结束了，同学们都各自有了自己的选择，有人去了北京，有人去了上海，有人出国深造，而我回到了自己的家乡深圳。毕业之后换了几份工作，一次偶然的机会，通过应聘我来到了这家公司，就是在这里我了解了共赢绩效、游戏式积分制和事业合伙人管理。

公司把积分制用于对员工的管理，用积分来衡量员工的自我价值和考核员工的综合表现，然后再通过各种积分排名，把福利待遇、调薪、年终奖金、事业合伙人资格、住房补贴等激励项目与积分挂钩，并且向高分人群倾斜，从而激发员工的主观能动性，充分调动员工的工作积极性。说句实话，我刚开始是比较抵触和反感这样的制度的，因为我感觉公司这是在给我们"画饼"，给我们一个实现不了的承诺，在给我们"洗脑"，都是成年人了，公司还搞这样的小把戏。真正让我转变思想是2016年年终总结大会，因为在那次大会上我看到，我原以为只是看得见而摸不着的承诺，在别人身上都一一兑现了，当时我的心情五味杂陈，也产生了非常深的感触，为什么人家都能拿到那么高的奖金，而我却一分也没有？别人能够通过积分兑换苹果手机，而我为什么不能？别人通过积分排名获得了年终调薪，可以带着家人一起出国旅游，而我为什么不能？回家之后我彻底失眠了，脑袋里全是同事们上台领奖的画面，尤其是公司用人民币扎出的一束"鲜花"，很隆重、很庄严地递交给我部门的同事，我看见他眼含热泪，伸出颤抖的双手，把"鲜花"捧在怀里。那一刻，我的内心深处泛起层层的微波，心里满是感动、喜悦和对同事的祝福。很长一段时间，我似乎已经忘了感动的滋味，但是今天我已热泪盈眶。我在反省自己，难道我的能力不如他们？我平时那种不甘落后的精神都到哪里去了呢？不行，我要重新找回我自己，我也要挣高分，也要拿第一！也就是在那天晚上我给自己定了一个目标，2017 年一定要拿到积分第一名，一定要在公司有所作为。

一分耕耘一分收获，我不迟到不早退，每个月公司在制度 A 分里给我加了 400 分；我能歌善舞，并且还能担任公司文娱活动、重大会议、晨会的主持，每个月都有固定的基础 B 积分来认可我的这些特长；我帮助同事、主动加班，公司又会在贡献 D 分里给我加分；我月度绩效等级是 S 级，在绩效 C 分得到了 3000 分，平时工作不出差错，少出差错，又在绩效 C 分获得了 300 分……这些加分的项目数不胜数，带来的都是满满的公司对我的肯定与认可。我很喜欢这样的管理制度，看着身边的同事都积极做事，重视积分，我也迅速适应了积分制，享受着积分制带给我的各项福利、奖励，我很快乐，也很开心能在这样的制度下工作。每一次尝试、每一次进步，公司都用积分的形式给我鼓励，每一次工作中的失误，公司都用扣分让我提高了警惕，告诫自己下一次不能再犯错。

在来公司之前，在别的公司我一直都很排斥、反感开会，为什么呢？

因为参加了很多次会议,这些会议大多都是开几个小时以上,时间长不说,会议内容还特别枯燥,而在我们公司,员工大会变成了一种享受,各种员工自编自导自演的节目闪亮登场,让人目不暇接,台上精彩纷呈,台下欢呼声、掌声、笑声响成一片。员工积分抽奖环节也是高潮迭起,各种奖项最后被积分高、排名靠前的员工收入囊中。

积分排名靠前的员工可以参加旅游活动,可以兑换各种福利产品,还可以用积分来"打赏",我就用我的积分"打赏"了帮助过我的同事,在这里真心再次向你们致谢,谢谢你们帮助我!最有意思的是一次竞拍活动,公司拿出车位、手机等物品实行竞拍,谁出的积分最高谁将竞拍品收入囊中,此次拍卖会共有30多名同事参与,现场气氛十分热烈,号码牌此起彼伏,"价格"上升速度也看得人眼花缭乱,现场同事们都喊破了嗓子,刺激又好玩,叫人回味无穷。

在积分制管理的模式下,公司快速健康发展,同行都看到了公司在短短的一年时间里销售额突飞猛进、管理日新月异,都愿意到公司和吕总开展学习、交流。同时我也开心快乐地成长,我相信自己在这样一个好的平台下,能够最大化地挖掘出自己的潜能,提升自己的同时能为公司创造价值,相信自己、相信积分,相信在这个温馨的大家庭中,我能演绎自己的精彩人生!

E 结束语
ENDING

企业激励体系变革，要触动固有的利益格局，而触动利益往往比触及灵魂还难。但是，再深的水也得趟，因为现在不变革，意味着未来变革会更难。改革改的永远是"给谁干，干完怎么分"的问题！而利益矛盾是一切矛盾的根本，要解决利益矛盾，就要建立起一套有效的、全方位的价值评价体系。

在积分管理设计与落地的过程中，各个企业的做法和期望效果有些差距，大家特别渴望一套成熟、系统、适用的理论模式和方法作为指导和参考，以便能真正地全方位量化评价员工对企业的价值贡献，这正是我写这本书的主要动力来源——帮助企业家、高管、HR 管理人员，探索、验证、总结出一套行之有效的、具有特色的管理方法论。

最后，非常感谢邀请我们进行项目辅导和内训的企业，以及参加过我们的公开课的企业家朋友和 HR 高管，主要有：华润三九、口子窖酒集团、一汽集团、阳光保险集团、厦门宏发股份、中保青岛国寿、中保徐州公司、中山通宇通讯、酷狗互联网公司、360 金融、国药集团、鄂尔多斯集团、上海烟草集团、北京烟草、南京造币、国金证券、喜之郎、上海银行、韩泰轮胎、四川九洲电器集团、中国移动陕西有限公司、立信会计事务所、辽宁海斯制药、中国电子科技集团、铭顺集团、广州广大企业集团、浙江交通投资集团、北京控制与电子技术研究所、三科控股集团、山东福瑞达医药集团、厦门路桥信息股份、浙江吉利汽车研究院、辽宁百草益寿中药房连锁、金龙联合汽车（苏州）有限公司等多家企业。在本书编写的过程中，他们提出了许多宝贵的意见和建议，使得我们如约完成了本书的编写，再次对你们表达诚挚的感谢！

衷心希望得到各位读者的反馈和建议，在此深表谢意。

谭文平、高国栋
2021 年 9 月于深圳